199 TESTS

Rechtschreibung & Zeichensetzung

Diktate 5. – 8. Klasse

199 TESTS

Rechtschreibung & Zeichensetzung

Diktate
5.–8. Klasse

Cornelsen
SCRIPTOR

Autorinnen und Autor dieses Bandes:
Marion Clausen, Wiebke Gerstenmaier, Sonja Grimm, Peter Kohrs

www.cornelsen.de

Bibliografische Information: Die Deutsche Bibliothek verzeichnet diese Publikation in der Deutschen Nationalbibliografie; detaillierte bibliografische Daten sind im Internet über http://dnb.ddb.de abrufbar.

Dieser Band folgt den Regeln der deutschen Rechtschreibung, die seit August 2006 gelten.

5.	4.	3.	2.	1.	Die letzten Ziffern bezeichnen
11	10	09	08	07	Zahl und Jahr der Auflage.

Redaktion: Marion Clausen, Göttingen
Herstellung: Uwe Pahnke, Berlin
Umschlaggestaltung: bunt unbunt, Berlin
Gesamtgestaltung: Dagmar & Torsten Lemme, Berlin
Druck und Bindearbeiten: Clausen & Bosse, Leck
Printed in Germany
ISBN 978-3-589-22390-9

Gedruckt auf säurefreiem Papier,
umweltschonend hergestellt aus chlorfrei gebleichten Faserstoffen.

Inhalt Klasse 5/6

* Anzahl der Wörter

Inhalt Klasse 5/6

Inhalt Klasse 7/8

Inhalt Klasse 7/8

Hallo, liebe Schülerin, lieber Schüler!

In diesem Buch sind eine Menge Diktate zu allen wichtigen Themen der deutschen Rechtschreibung und Zeichensetzung zusammengestellt. Dabei werden die Regeln berücksichtigt, die seit August 2006 verbindlich sind.

Alle Texte wurden von erfahrenen Deutschlehrerinnen und -lehrern für die Klassen 5 bis 8 erarbeitet und erprobt. Jede Seite liefert einen abgeschlossenen Diktattext. Du findest spannende Sachtexte aus vielen Bereichen, Witze, Fabeln, Geschichten und Gedichte, damit das Üben auch Spaß macht.

Eine Auflistung aller Texte und Rechtschreibthemen steht im Inhaltsverzeichnis. Dort kannst du aussuchen, was du gerade üben oder überprüfen willst.

Zur schnellen Orientierung sind auf jeder Seite die Klassenstufe (5/6 oder 7/8), das Übungsthema und die Anzahl der Wörter angegeben.

Die Diktate werden am besten in drei Schritten diktiert:

1. Den ganzen Text vorlesen
2. Einen kompletten Satz langsam vorlesen
3. Den Satz in Textportionen langsam und deutlich vorlesen, dabei nach jeder Portion eine genügend lange Pause machen

Die senkrechten dünnen Linien markieren die Textportionen und helfen beim Diktieren. Satzzeichen werden mitdiktiert; nur bei den Diktaten zur Zeichensetzung selbstverständlich nicht. Wer allein üben möchte, liest das Diktat auf diese Weise selbst laut vor und nimmt es auf eine Kassette auf.

Vergleiche jedes Wort und jedes Satzzeichen genau mit der Vorlage und berichtige Fehler schriftlich. Die Wörter und Buchstaben, die zu dem Rechtschreibthema gehören, das in einem Diktat besonders geübt wird, sind farbig hervorgehoben. Wenn du hier mehrere Fehler gemacht hast, solltest du dieses Thema unbedingt wiederholen und weiter üben, bis du es sicher beherrschst.

Außerdem findest du verstreut im Buch auf den Farbflächen unten zusätzliche Hinweise und Tipps zum Üben und Wiederholen, damit du bald ganz sicher in Rechtschreibung und Zeichensetzung wirst.

Viel Erfolg wünscht dir die 199-TESTS-Redaktion von Cornelsen Scriptor!

Das Datum von heute ___________

1 Der Fuchs und der Kranich
(Groß- und Kleinschreibung: Nomen)

Der Fuchs und der Kranich |

Der Fuchs und der Kranich | hatten miteinander Freundschaft geschlossen. | Der Fuchs wollte deshalb | den Kranich bewirten | und bat ihn, sein Gast zu sein. | Der Kranich nahm die Einladung an. |

Der Fuchs hatte einen Brei gekocht | und ihn auf einem Teller | breit gestrichen*. | Der Kranich klopfte mit dem Schnabel | auf dem Teller herum, | konnte aber nichts fressen. | Der Fuchs aber fraß alles allein. | Als der Brei verzehrt war, | sprach der Fuchs: | „Mehr hab ich dir | leider nicht anzubieten!“ |

Am nächsten Tag | war der Fuchs | Gast beim Kranich. | Dieser hatte eine Suppe zubereitet | und setzte sie | in einem enghalsigen Krug | dem Fuchs vor. | Der Fuchs beroch | den Krug von allen Seiten, | konnte aber den leckeren Inhalt | nicht erreichen. | Er kam mit seinem dicken Kopf | nicht in den Krug hinein. | Der Kranich aber pickte | und fischte, | bis alles restlos verzehrt war. | So musste der Fuchs | mit knurrendem Magen heimgehen. |

Wie man in den Wald hineinruft, | so schallt es heraus! |

Von da an war es vorbei | mit der Freundschaft | zwischen Fuchs und Kranich. ||

nach Aesop

5/6

173 Wörter

* hier ist auch Zusammenschreibung möglich

Das Datum von heute ___________

2 Igel in Not
(Groß- und Kleinschreibung: Nomen)

Igel in Not |

Kleine Igel sind niedliche Gartenbewohner. | In der kalten Jahreszeit | sind die putzigen Tiere | aber häufig in Gefahr. | Viele von ihnen | überleben den Winter nicht, | weil es in den kleinen, | gepflegten Gärten | kaum noch Plätze zum Überwintern gibt. | Laubhaufen und Verstecke | zwischen dichten Sträuchern und Büschen | sind immer weniger zu finden. | So muss mancher Igel | einfach deshalb verhungern, | weil er im Spätherbst | noch draußen herumirrt | und die nahrungsarme Jahreszeit | nicht verschlafen kann. | Mit einem selbst gebauten* Unterschlupf | aus Holz oder Steinen | kann man den Igeln helfen. | Auch ein Haufen Reisig | ist ein gutes Versteck | für die gefährdeten Tiere. ||

99 Wörter

* hier ist auch Zusammenschreibung möglich

5/6

Das Datum von heute ___________

3 Vier Rätsel (Groß- und Kleinschreibung: Nomen und Adjektive)

1 Erst weiß wie Schnee, |
dann grün wie Klee, |
dann rot wie Blut, |
schmeckt allen gut. |
Was ist das? |

2 Vorn wie eine Gabel, |
in der Mitte wie ein Fass, |
hinten wie ein Besen. |
Was ist das? |

3 Weiß wie Kreide, |
leicht wie Flaum, |
weiß wie Seide, |
feucht wie Schaum. |

4 Ich saufe blaues Bier, |
lauf Schlittschuh auf Papier. ||

55 Wörter

1 Lösung: Kirsche
2 Lösung: Kuh
3 Lösung: Schneeflocke
4 Lösung: Füllhalter

5/6

Das Datum von heute ___________

4 Barbara (Groß- und Kleinschreibung)

Barbara |

Ich heiße Barbara. | Ich bin elf Jahre alt | und besuche die 5. Klasse | der Realschule in Helmershausen. |

Im Unterricht sitze ich | neben meiner besten Freundin Martina | und neben Jochen. | Jochen Enders wohnt in unserer Straße. | Nachmittags spielen wir oft zusammen. | Manchmal fahren Jochen und ich | gemeinsam zur Schule. | Er wartet dann immer | vor unserem Haus auf mich. |

Jochen und Martina | verstehen sich ganz gut. | Wenn ich allerdings in der großen Pause | nur mit Martina und Julia spiele, | wird Jochen manchmal | richtig böse. ||

80 Wörter

Das Datum von heute __________

5 Mein Lieblingsplatz (Groß- und Kleinschreibung: Nomen/Verben)

Mein Lieblingsplatz |

Beim Nachdenken lasse ich mich ungern stören. | Die Suche nach einem gemütlichen Rückzugsort | war mir deshalb wichtig. | An meinem Plätzchen auf dem Dachboden | kann ich meine Gedanken in Ruhe schweifen lassen | oder wichtige Entscheidungen treffen. | Dies ist auch der richtige Ort zum Briefeschreiben. | Am liebsten komme ich aber zum Lesen hierher. | Die Einrichtung besteht aus einigen alten Kissen, | die ich beim Plündern unseres Kellerschranks gefunden habe | und deren Verschwinden niemandem aufgefallen ist. ||

77 Wörter

LERNTIPP

Fange damit an, dass du den Text mindestens einmal leise und einmal laut liest.
Sind dir Wörter unbekannt? Dann schau im Wörterbuch nach.
Schreibe den Text einmal komplett ab – achte dabei besonders auf die schwierigen Wörter.

6 Fütterung im Zoo
(Groß- und Kleinschreibung: Verben)

Fütterung im Zoo |

Wenn es im Zoo | an das Füttern der Tiere geht, | haben die Besucher viel Spaß. | Dann drängeln sie sich vor den Gehegen. | Viele halten die Kamera | zum Fotografieren bereit. |

Beim Füttern der Seelöwen | schauen besonders viele Kinder zu. | Das Gleiten und Tauchen der Tiere im Wasser | sieht sehr elegant aus. |

Alle lachen, | wenn die Seelöwen sich an Land bewegen. | Der Wärter kommt | mit einem Eimer voller Fische | zum Füttern. | Er gestattet einem Kind, | eine Seelöwin mit einem Hering zu füttern. |

Ohne Erlaubnis darf man keinem Tier im Zoo | etwas zum Fressen zuwerfen. | Von falscher Nahrung werden die Tiere krank. | Darum stehen überall Schilder | mit der Aufschrift: | Füttern verboten! ||

108 Wörter

Das Datum von heute ___________

7 Machen Sie Urlaub …
(Groß- und Kleinschreibung: Verben)

Machen Sie Urlaub | an der Nordsee! |

Wir laden ein | zum Surfen, Schwimmen, Wandern. | Auch geruhsames Bummeln | steht auf unserem Programm. | Wir bieten Wattwanderungen | mit unseren eigenen Wattführern. | Das Grillen am Lagerfeuer | kann genauso interessant sein | wie Baden im Wellenbad. | Vielfältige Möglichkeiten zum Spielen sind vorhanden. | Auch Tennisspielen und Skatspielen sind möglich. | Bei schlechtem Wetter | empfehlen wir den Besuch | unseres Heimatmuseums. |

Machen Sie Urlaub | in den Alpen! |

Kommen Sie zu uns! |

Hier sind fast alle sportlichen Betätigungen möglich: | Wandern, Klettern, Schwimmen. | Die nahe Großstadt | lädt Sie zum Bummeln ein. | Die Berge fordern | zum Klettern und Kraxeln heraus. | Unser Motto ist Erholen! | Wir bieten tausend Möglichkeiten | zum Entspannen! ||

5/6

106 Wörter

8 Grüße in die Ferien (Groß- und Kleinschreibung: Anrede in Briefen)

Grüße aus den Ferien |

Hallo Verena, |

ich danke für eure* schöne Karte aus Tirol. | Ihr langweilt euch* also nicht im Kinderheim. | Ich kann mir denken, | dass ihr* viel Spaß habt. | Ich freue mich jedenfalls, | dass du* an mich gedacht hast | und mir die versprochene Karte | geschickt hast. |

Von hier kann ich dir* | nicht allzu viel Neues berichten. | Das Wetter ist so, | wie du* es ja kennst: | mal heiter, mal wolkig! | Die schönen Tage | haben wir für Fahrten | in die Umgebung genutzt. | Ich freue mich, | wenn du* wieder hier bist. |

Tschüs dann! |

Julia |

Liebe Frau Albers, |

auch Ihnen wünsche ich | noch schöne Ferien in Tirol. | Sie können übrigens | ganz beruhigt sein: | Ich kümmere mich | um Ihr kleines Kätzchen | und ich gieße Ihre Blumen regelmäßig. |

Viele Grüße, |

Ihre Julia ||

123 Wörter

* hier ist auch Großschreibung möglich

Das Datum von heute __________

9 Lieber Herr Fuchs (Groß- und Kleinschreibung: Anrede in Briefen)

Lieber Herr Fuchs, |

aus unserem Urlaubsort Hörnum | auf der Nordseeinsel Sylt | sende ich herzliche Grüße. | Es ist sehr schade, | dass Sie, | Ihre Frau und Ihre beiden Kinder | Steffi und Boris | nicht hier sein können. | Wir hätten sicherlich | viel Spaß miteinander. | Gestern haben wir eine Tagesfahrt | zur Insel Amrum gemacht. |

Diese Insel würde Ihnen | sicher auch gefallen. | Hier könnten Sie stundenlang | Ihrer Lieblingsbeschäftigung nachkommen. | Ich weiß ja, | dass Sie so gerne | an ausgedehnten Sandstränden | entlangwandern.

Grüßen Sie Ihre ganze Familie, | auch Oma Herta. |

Für Sie aber besonders liebe Grüße | von mir und meinen Eltern. |

Ihre Carina Maus ||

5/6

96 Wörter

Das Datum von heute __________

10 Mein Geburtstag
(Groß- und Kleinschreibung: Zeitangaben)

Mein Geburtstag |

Ich hatte gestern Geburtstag. | Zunächst sah es so aus, | als ob alle meinen Geburtstag | vergessen hätten. | Ich war richtig enttäuscht. | Als ich dann gestern Morgen | zufällig auf die Terrasse ging, | stand dort ein nagelneues Fahrrad. | Damit hatte ich | nun wirklich nicht gerechnet. | Am letzten Montag | hatte Vati noch gesagt, | mein altes Fahrrad | sei noch ganz gut | und ginge noch. | War das eine Freude! | Und nachmittags waren | dann einige gute Freunde | aus der Nachbarschaft bei mir. | Am Abend habe ich | stolz eine kurze Fahrt | mit dem neuen Fahrrad gemacht. | Übermorgen wird die erste große Fahrt | mit Jens und Katja zum Müggelsee steigen. | Ich freue mich schon auf Mittwoch! ||

108 Wörter

5/6

11 Das große Spiel
(Groß- und Kleinschreibung: Zeitangaben)

Das große Spiel |

Die Klasse 6 d will morgen | gegen eine Auswahlmannschaft der Realschule spielen. | Noch gestern Abend wurde fleißig trainiert. |
Fritz hat in der letzten Woche | morgens und abends | zusätzlich einen Dauerlauf gemacht. |
Gegen Mittag wird er schon richtig aufgeregt. | Am Nachmittag um drei Uhr | soll das große Spiel steigen | und heute Abend wissen alle mehr. |
Fritz hofft, | dass jemand von der Zeitung kommt | und spätestens übermorgen | ein Artikel über das Spiel erscheint. | Wenn seine Mannschaft heute gewinnt, | wird das für Fritz | der schönste Tag in diesem Schuljahr. | Seine Eltern haben mittags | beim Essen versprochen, | ihm die Daumen zu drücken. | Sie wollen sich das Spiel ansehen | und haben sich diesen Nachmittag | dafür frei gehalten*. ||

111 Wörter

* hier ist auch Zusammenschreibung möglich

Das Datum von heute ___________

12 Merkwürdige Regeln
(Groß- und Kleinschreibung)

Merkwürdige Regeln |

Das Nasenbohren ist während des Unterrichts unerwünscht. |

Das Singen im Unterricht ist zu unterlassen. |

Im Unterricht herrscht Kaugummipflicht, | denn Konzentration und Denkvermögen | werden durch das Kauen gefördert.

Die Lehrer haben immer Recht. |

Pausen werden nach Bedarf einberufen | und dauern mindestens eine halbe Stunde. |

Die Kleinen dürfen beim Bäcker drängeln. |

Die Großen bezahlen nur die Hälfte. |

Das Essen von Pausenbroten | mit Stinkkäse und Zwiebeln | ist nur auf dem Pausenhof gestattet. |

Hausaufgaben sind nur zum Besten der Schüler | und müssen daher gewissenhaft, | voll Tatendrang und in Schönschrift erledigt werden. |

Anträge auf Hausaufgabenbefreiung | müssen zwei Monate zuvor | beim Rektor eingereicht werden. ||

100 Wörter

LERNTIPP

Schwierige Wörter kannst du so üben:

- Schreibe sie mit dem Finger in die Luft.
- Buchstabiere sie laut.
- Schließe die Augen und stelle dir die Wörter geschrieben vor.
- Schreibe sie noch einmal auf.

5/6

Das Datum von heute ___________

13 Unsinnsgedichte
(Lang gesprochene Vokale)

Unsinnsgedichte |

Ein dicker Wal sprach zum dünnen Aal: |
„Du hast ja keine Wahl, |
bist und bleibst ganz kahl." |

„Komm her!", | sprach die Fee am See zum Reh. |
„Ich möchte dich etwas lehren, | dein Wissen sehr vermehren." |
Doch das Reh wollte ans Meer, |
gab sein Gepäck nicht mehr her. |
So lernte es niemals lesen, |
wär' ja auch | ein seltsames Reh gewesen. |

Auf einem kleinen Boot | kann man wohnen, |
man lebt von Fischen | oder von Bohnen. |
Man fährt von hier | nach nirgendwo |
und Wasser holen | darf man sowieso. |

Eine Kuh will keine Schuhe |
und jetzt lass mir meine Ruhe! ||

96 Wörter

Das Datum von heute ___________

14 Eine Rose ist keine Hose
(Lang gesprochene Vokale)

Eine Rose ist keine Hose |

In meinem Gesicht sitzt keine Nase, |
sondern ein ganz kuschliger Hase. |
Morgens mag ich noch kein Brot, |
sondern ein ganz dickes Boot. |

Tatsächlich ist mein Stuhl ein Kahn |
und meine Jacke hängt am Kran. |

Meist schlafe ich in einer Tür. – |
Ich kann wirklich nichts dafür! |

Den Kuchen ess' ich | nicht mit Sahne, |
sondern mit süßer Schlag-Banane. |

Schnittblumen steh'n | nicht in der Vase, |
dafür in einer hübschen Nase. |

Wer soll die Sprache | nur verstehen? |
Kommt, |lasst uns bloß | nach Hause gehen. |
Was, meine Freunde, | wollt ihr spülen ...? |
Ich hoffe sehr, | dass ihr meint: | spielen. |
Schluss mit dem Unfug, | sonst, oh Schreck, |
laufen zum Schluss | alle Wörter weg! ||

107 Wörter

Das Datum von heute __________

15 Märchenanfang
(Lang gesprochene Vokale)

Märchenanfang |

Es waren einmal ein alter Vater und sein Sohn. | Die lebten am Rande des Moores | einsam in einer armseligen Hütte. | Eines Tages ging ihnen | die Kohle für ihren Ofen aus. | Draußen tobte ein Sturm | und es war bitterkalt. | Hoch lag der Schnee. | Sie begannen zu frieren. | Da sagte der Sohn: | „Vater, ich will in das Dorf gehen | und Kohle holen. | Bis morgen früh | bin ich wieder da.“ | Der Vater erwiderte: | „Wir haben wohl keine Wahl, | aber achte darauf, | nicht ins Moor zu geraten! | Du weißt, | dort leben die sieben roten Raben. | Ihre schaurigen Rufe | haben schon viele Menschen | ins Unheil geführt!“ |

Der Sohn versprach, | keinen Fuß vom Wege abzuweichen, | und ging los. | Doch schon bald | drangen heisere Töne an sein Ohr. | Die Raben mussten hier irgendwo in der Nähe sein ... ||

131 Wörter

Das Datum von heute __________

16 Um Haaresbreite
(Lang gesprochene Vokale)

Um Haaresbreite |

Seit Manuel seinen Segelschein hatte, | waren nur ein paar Tage vergangen. | Zum ersten Mal | sollte er das neue Segelboot alleine steuern. | Papa und er zogen das Schiff | an den Blumenbeeten vorbei zur Mole | und ließen es zu Wasser. | Manuel segelte gut. | Dann frischte die Brise auf | und es kreuzten mehr Boote auf dem Meer. | Ausgerechnet jetzt juckte Manuels Knie. | Er sah nach unten | und entdeckte eine Armee Ameisen an seinem Bein. | Wo kamen die denn her? | Vor lauter Staunen übersah er einen Windsurfer. | Gerade noch rechtzeitig | konnte sich dieser ins Wasser fallen lassen. | Vater zog ihn aus der See. | Sein Gesicht war schneeweiß | und er zitterte am ganzen Körper. | Zurück am Bootssteg lud Vater den Surfer ein: | „Wie wäre es jetzt mit einem starken Kaffee | und einem Stück Himbeerkuchen als Wiedergutmachung?" ||

133 Wörter

LERNTIPP
Am besten lässt du dir einen Text diktieren. Allerdings sollte zwischen dir und deinem Helfer eine entspannte Stimmung sein. Wenn ihr eben noch gestritten habt, ist das keine gute Voraussetzung!

5/6

Das Datum von heute __________

17 Schatzkiste
(Lang gesprochene Vokale)

Schatzkiste |

Oft fragen sich Kinder: | „Was spielen wir jetzt?“ |

Es gibt viele Ideen, | um sich mit Spielen die Zeit zu vertreiben. |

Ein Spiel heißt „Schatzkiste“. | Dabei wird der Deckel eines kleinen Kastens | mit einem Schloss verriegelt. | In der Kiste liegt | eine Kleinigkeit für den Sieger. | Neben der Kiste | liegen viele Schlüssel. | Davon darf sich jeder Mitspieler | mehrere nehmen. | Nun muss er probieren, | das Schloss zu öffnen. | Wer es schafft, | kriegt den Schatz. | Das kann mehrere Male | wiederholt werden. ||

77 Wörter

Das Datum von heute __________

18 Ab zum Schwimmen!
(Lang gesprochene Vokale)

Ab zum Schwimmen |

Die Sonne schien, | doch Britta schlief noch fest. |

Da rief ihre Mutter | aus dem Esszimmer. |

Plötzlich fiel ihr alles ein. | Sie rieb sich die Augen. |

Bei schönem Wetter | wollte sie ja mit Sonja und Nicola | zum Schwimmen fahren. |

Jetzt hielt sie nichts mehr im Bett. |

Wie der Wind lief sie ins Bad. |

Auf dem Weg zur Küche stieg sie in ihre Jeans. |

Sie steckte ihren Bikini | in die Badetasche | und rief ihrer Mutter noch „Tschüs“ zu. |

Schon ging es ab! ||

83 Wörter

5/6

Das Datum von heute ___________

19 Wie beruhigend!
(Lang gesprochene Vokale)

Wie beruhigend! |

Immer mit der Ruhe. |

Es besteht keine Gefahr für Leib und Leben. |

Wer rechtzeitig bezahlt, | hat nichts zu verlieren. |

Wir finden heraus, | was hier geschah. |

Die Lage ist nicht so bedrohlich, | wie sie aussieht. |

Gehen Sie lieber etwas früher nach Hause. |

Das wäre beinahe schiefgegangen. |

Zählen Sie bis zehn | und halten Sie Ihre Schuhe in die Höhe. |

Mir wurden ein Fernseher | und ein Fahrrad gestohlen. |

Ich gelobe, | die Wahrheit zu sagen. |

Sie können die Belohnung | am Bahnhof abholen. |

Erzählen Sie niemandem, | was Ihnen passiert ist. ||

88 Wörter

Das Datum von heute __________

20 Die Biene
(Lang gesprochene Vokale)

Die Biene |

Eine Biene lebte zufrieden | am Rand einer saftig grünen Wiese. | Eines Tages kam ein großes Tier vorbei. | „Wer bist denn du?“, | summte die Biene. | Denn sie war neugierig | und außerdem fand sie | das riesige Tier sehr hübsch. | Das Tier aber ließ die Biene links liegen | und spazierte einfach an ihr vorbei. | Seit diesem Tag | fand die Biene keinen Frieden mehr, | sie konnte nicht mehr einschlafen, | nichts mehr essen | und nicht mehr klar denken. | Sie war verliebt. | Wie konnte sie nur | dieses schöne Tier wiedersehen? | Viele Möglichkeiten hatte sie nicht. | Sie war so zierlich | und das Tier erschien ihr riesig. | Bestimmt war es mit seinen langen Beinen | inzwischen schon sehr weit gekommen. | Doch schließlich konnte die Biene | sehr gut fliegen ... ||

121 Wörter

Das Datum von heute ___________

21 Sprichwörter
(Wörter mit ä/e und äu/eu)

Sprichwörter |

Was Hänschen nicht lernt, | lernt Hans nimmermehr. |

Wer Streit sät, | arbeitet für des Teufels Scheune. |

Wer langsam fährt, | kommt auch ans Ziel. |

Je länger, je lieber. |

Grobe Säcke soll man mit Seide nähen. |

Ein streitsüchtiger Hund | läuft mit zerrissenen Ohren herum. |

Pack schlägt sich, | Pack verträgt sich. |

Eine Hand wäscht die andere. |

Mit Speck fängt man Mäuse. |

Träume sind Schäume. |

Wer andern eine Grube gräbt, | fällt selbst hinein. |

Auf eine scharfe Frage gehört | eine schärfere Antwort. ||

76 Wörter

22 Alles nur geträumt
(Wörter mit ä/e und äu/eu)

Alles nur geträumt |

Neulich war der zehnjährige Eugen | allein zu Hause*. | Seine Eltern waren | bei Bekannten eingeladen. | Er war schon früh ins Bett gegangen. | Plötzlich hörte er | ein verdächtiges Geräusch. | Hatte er denn nicht erst gestern | von gefährlichen Überfällen gehört? | Er versuchte, | seine Ängste zu überwinden. | Vorsichtig ging er in die Küche, | aus der das verdächtige Geräusch kam. | Ängstlich schaute er | durch die geöffnete Tür. | Zwei dunkle männliche Gestalten | standen vor den Küchenschränken | und suchten geräuschvoll | nach Wertsachen. | Jetzt sahen sie sich um. |

Zwei grässliche Gesichter | blickten ihm entgegen. | Wenn er nur nicht aufgestanden wäre! | Aber was hätte er sonst tun sollen? | Er versuchte zu fliehen. | Lärmend hörte er | die beiden unheimlichen Männer | hinter sich her laufen. | Schon fühlte er ihre eiskalten Hände. | Er schrie vor Angst … |

„Du hast geträumt!“, | hörte er da plötzlich | die Stimme seiner Mutter. |

„Es ist Zeit, | komm, steh auf!“ | Eugen war erleichtert. | Was einem im Traum | nicht alles passieren kann! ||

151 Wörter

* hier ist auch Zusammenschreibung möglich: zuhause

Das Datum von heute ___________

23 Feuer! Feuer!
(Wörter mit ä/e und äu/eu)

Feuer, Feuer! |

Auf meine Freundin Lisa | kann ich mich verlassen. | Sie steht treu zu mir. | Das hat sie heute | wieder bewiesen. | Ich räumte in der Pause | meinen Rucksack auf | und fand eine Menge älterer Arbeitsblätter. | Lisa meinte, | ich bräuchte sie bestimmt nicht mehr. | Darum warf ich alle | in den großen Papiercontainer, | der draußen steht. | Dann gingen wir auf den Schulhof. |

Noch bevor es wieder | zum Unterricht läutete, | rief jemand: | „Feuer, Feuer!“ | Tatsächlich quoll Rauch | aus dem Papiercontainer. | Zum Glück konnte der Hausmeister | mit dem Feuerlöscher | den Brand schnell löschen. | Jemand hatte | ein brennendes Streichholz | in das Papier geworfen. | Ein Mitschüler beschuldigte mich, | den Brand ausgelöst zu haben. | Ich wäre zuletzt | am Container gesehen worden. | Aber meine Freundin bezeugte sofort, | dass ich nicht mit Feuer gespielt hatte. ||

5/6

123 Wörter

24 Auf dem Bauernhof
(Wörter mit eu und äu)

Auf dem Bauernhof |

Gestern brach auf einem bäuerlichen Anwesen | ganz in unserer Nähe ein Feuer aus. | In einer Scheune hatte sich das Stroh entzündet. | Ich war mit meinem Freund | gerade vom Schwimmbad gekommen. | Da sahen wir, | dass die ganze Gegend | schon richtig eingeräuchert war. | Viele Leute standen herum | und schauten neugierig zu. | Die Feuerwehrmänner hatten die Wasserschläuche angeschlossen. | Einige Bäume neben dem Brandherd | sah man gar nicht mehr, | so dicht war der Qualm. | Auch das Nebengebäude des Hofes | und die umliegenden Wohnhäuser | konnte man kaum noch erkennen. |

Den Feuerwehrmännern gelang es aber schnell, | das Feuer einzudämmen. | Als ich heute Morgen zur Schule ging, | stieg noch immer etwas Rauch | von der Brandstelle hoch. ||

109 Wörter

Das Datum von heute ___________

25 Auf dem Land
(Wörter mit ä/e und äu/eu)

Auf dem Land

In der Küche macht die Bäuerin frische Windbeutel.

Die feuchte Wäsche hängt flatternd im Wind.

Im Stall kauen die Kälber am duftenden Heu.

Die Mäuse klauen sich unbemerkt ein Stückchen Käse.

Auf der Wiese suchen die Gänse schnatternd nach Futter.

Der Bauer hat den Mähdrescher endlich repariert.

Die Dächer von Scheune und Schuppen sind auch wieder dicht.

In den Hühnerställen werden eifrig Eier gelegt und die schläfrigen Kätzchen dösen im Korb.

74 Wörter

LERNTIPP
Wenn du den Text selbst aufnimmst, achte darauf, langsam und deutlich zu sprechen. Empfohlene Sprecheinheiten sind im Buch gekennzeichnet, aber du kannst auch in kleineren oder größeren Portionen arbeiten. Nimm die Zeit, die du später zum Schreiben brauchen wirst, mit auf. Dann brauchst du während des Diktats nicht ständig auf die Stopp-Taste zu drücken. Schließe dazu die Augen und schreibe in Gedanken die Wörter auf, dann sprichst du weiter. Probiere es aus, du findest bald die richtige Zeitdauer.

26 Über Geschmack lässt sich streiten
(Wörter mit ä/e und äu/eu)

Über Geschmack lässt sich streiten |

Auf einem Baum saß eine Elster | und sang ein Lied. | Der Wind pfiff durch die Blätter | der Bäume und Sträucher | und begleitete ihren Gesang. | Die Äste knackten und ächzten. | Die Elster war begeistert von diesem Konzert | und träumte von einer Karriere als Sängerin. |

Da näherte sich ein Gänserich. | Er war über einen der Zäune geklettert | und meckerte: | „Mit deinem Geheule erschreckst du ja alle Leute. | Solch ein Gekrächze sollte in allen Wäldern, | in denen sich Spaziergänger und Gänse aufhalten, | verboten werden“. | Da antwortete die Elster frech: | „Hör auf zu schnattern. | Du solltest erst einmal die Krähe hören, | bei ihrem Gemecker werden sogar | die leckersten Kräuter und Gräser bitter“. ||

116 Wörter

Das Datum von heute __________

27 Münchhausen erzählt
(Doppelter oder einfacher Konsonant)

Münchhausen erzählt |

Einmal hatte ich wieder ein tolles Erlebnis. | Bei einem Ausritt | wollte ich mit meinem rassigen, | schnellen Pferd | über einen riesigen Sumpf setzen. | Bevor ich am Rand absprang, | fand ich den Sumpf lange nicht so breit | wie während des Sprungs. | Wir kehrten aus diesem Grunde | mitten in der Luft um | und landeten mit heiler Haut | wieder auf dem rettenden Ufer. | Aber beim zweiten Anlauf | sanken wir nicht weit vom andern Ufer | bis an den Hals in den Morast. | Rettungslos wären wir verloren gewesen, | wenn ich mich nicht, | ohne lange zu überlegen, | mit der rechten Hand am eigenen Haarzopf | aus dem Sumpf gezogen hätte. | Und nicht nur mich, | sondern auch mein schnelles Pferd. ||

111 Wörter

28 Dinosaurier
(Doppelter oder einfacher Konsonant)

Dinosaurier |

Wissenschaftler erkannten vor etwa 160 Jahren, | dass es eine bis dahin unbekannte Tiergruppe gegeben hat. | Sie beherrschte über viele Millionen Jahre | das Leben auf der Erde. |

Man nannte diese Tiere „Dinosaurier“. | Das Wort stammt aus der griechischen Sprache. | Es bedeutet „schreckliche Echse“. |

Dabei waren die meisten Dinos | friedliche Pflanzenfresser. | Es gab aber auch schnelle und gefährliche Jäger, | die mit scharfen Krallen und Zähnen | ihre Beute erlegten. | Oft lauerten sie an Wasserstellen | ihren Opfern auf. |

Um sich verteidigen zu können, | hatten viele Pflanzenfresser | besondere Waffen, | zum Beispiel eine Knochenkeule am Schwanzende, | Hörner auf dem Kopf | oder einen Dorn an der Pfote. |

Sie lebten oft in Gruppen, | die zusammen von Futterplatz zu Futterplatz zogen. | Gemeinsam waren sie besser | gegen Angriffe geschützt als allein. |

Alle Dinos hatten eine schuppige Haut. ||

129 Wörter

29 Es war einmal ein Mann
(Doppelter oder einfacher Konsonant)

Es war einmal ein Mann |

Es war einmal ein Mann, |
der hatte einen Schwamm. |
Der Schwamm war ihm zu nass, |
da ging er auf die Gass. |

Die Gass war ihm zu kalt, |
da ging er in den Wald. |
Der Wald war ihm zu grün, |
da ging er nach Berlin. |

Berlin war ihm zu voll, |
da ging er nach Tirol. |
Tirol war ihm zu klein, |
da ging er wieder heim. |

Daheim war's ihm zu nett, |
da legt' er sich ins Bett. |
Im Bett war eine Maus |
und die Geschicht' ist aus. ||

85 Wörter

30 Kellerspinnen
(Doppelter oder einfacher Konsonant)

Kellerspinnen |

Ich gehe nicht gern in unseren Keller. | Allein der Gedanke daran lässt mich zittern. | Das liegt an der steilen, | dunklen Treppe, | aber auch an den Spinnen, | die ich dort unten vermute. | Neulich hatte ich ein schreckliches Erlebnis. | Kaum war ich beklommen die Treppe hinuntergeschlichen, | gab es einen Knall | und die Kellertür fiel ins Schloss. | Ich saß in der Falle, | denn die Tür lässt sich von innen | nur schwer öffnen. | Ich brüllte, so laut ich konnte, | aber keiner hörte mich. | Ich meinte, das Krabbeln der Spinnen | schon zu fühlen, | und jammerte, | als meine Mutter endlich sehen wollte, | wo ich bleibe. | Sie kennt mich ganz gut | und holt die Kartoffeln seither selbst. | Ich bringe dann den Müll runter, | denn bei den Tonnen ist es wenigstens hell. ||

126 Wörter

LERNTIPP
Vergleiche dein Ergebnis ganz genau mit dem Text im Buch. Schreibe fehlerhafte Wörter noch einmal richtig auf und präge sie dir ein, bis du sie sicher beherrschst.

31 Badefreuden
(Doppelter oder einfacher Konsonant)

Badefreuden |

Jeden Mittwoch ist bei uns im Hallenbad | ein Nachmittag speziell für Kinder und Jugendliche. | An solchen Tagen ist es in der Umkleidekabine | immer brechend voll. | Nur mit Glück bekommt man einen Spind, | in dem man seine Kleider | einschließen kann. | Selbst unter der Dusche herrscht Gedränge. | Da wird mit Seifenstücken geschossen | und Waschlappen werden hin- und hergeworfen. | In der Schwimmhalle | hat der Bademeister verschiedene Dinge bereitgestellt. | Ringe zum Tauchen, | Wasserbälle, aufblasbare Badetiere | oder Flossen liegen schon am Beckenrand. | Am Sprungturm und an der Rutschbahn | steht wegen des Andrangs | eine zusätzliche Aufsichtsperson. | Sie achtet darauf, | dass keiner zu früh ins Wasser springt | oder rutscht. | Solche Spaßtage sind bei allen sehr beliebt | und jeder ist traurig, | wenn das Zeichen | zum Verlassen des Beckens ertönt. ||

122 Wörter

Das Datum von heute ___________

32 Immer unterwegs
(Doppelter oder einfacher Konsonant)

Immer unterwegs |

Heute wohnen die meisten Menschen | in Häusern oder Hütten. | Doch das war nicht immer so. | Viele Indianer in Nordamerika | waren Nomaden. | Sie lebten davon, | dass sie die Büffel der Prärie und Steppe jagten. | Da die Büffelherden wanderten, | mussten auch die Stämme weiterziehen | und ihnen folgen. | Am Lagerplatz angekommen, | bauten die Frauen schnell mehrere Tipis | aus zwölf Stangen auf. | An den Stangen banden sie die Büffelhäute fest. | Nur oben befand sich eine Rauchklappe, |die man bei Bedarf öffnen oder schließen konnte. |
Die Zelte der Menschen in Finnland | oder Schweden | sahen früher ganz ähnlich aus. | Die Lappen züchteten Rentiere. | Gemeinsam mit ihren Herden | zogen sie von einem Futterplatz zum nächsten | quer durch Lappland. | Ihre Zelte nannte man Koten. | Sie wurden mit zusammengenähten Rentierhäuten abgedeckt | und waren oben immer offen. ||

129 Wörter

Das Datum von heute ___________

33 Schüttelreime
(Wörter mit k oder ck)

Schüttelreime |

Das kleine Kind, | das Locken trägt, |
schreit laut, | bis man es trockenlegt. |

Der Schnee, | den du in Flocken siehst, |
mir unten in die Socken fließt. |

„Was macht ihr mit der Fackel dort?" |
„Wir treiben nur den Dackel fort!" |

Den Esel plagt ein Mückenstich. |
Er sagt: | „Ich reiß in Stücke mich!" |

Ich laufe in den Birkenwald, |
denn meine Pillen wirken bald. |

Verkehrte Welt |

Dunkel war's, | der Mond schien helle, |
schneebedeckt die grüne Flur, |
als ein Wagen blitzesschnelle |
langsam um die Ecke fuhr. ||

82 Wörter

Das Datum von heute __________

34 Der Mäusebussard
(Wörter mit k oder ck)

Der Mäusebussard |

Hast du schon mal | einen Mäusebussard beobachtet, | der neben einer Landstraße auf einem Pfosten hockte? | Oder erkennst du ihn sogar, | wenn er lange Strecken | im Gleitflug über sein Jagdrevier segelt? |

Von dort oben hält er Ausschau | nach geeigneten Beutetieren. | Seine Augen sind so scharf, | dass er sogar unter einer Schneedecke | die Mäuse sehen kann. | Dann stößt er im Sturzflug | auf sein Opfer hinunter | und greift es mit seinen Krallen. |

Außer Feldmäusen | schmecken ihm auch Hamster oder Kaninchen. |

Sein Hakenschnabel dient ihm dazu, | die Nahrung zu zerkleinern. |

Dieser Greifvogel lebt meist am Waldrand, | aber manchmal kann man ihn | auch in großen Parkanlagen entdecken. ||

102 Wörter

5/6

Das Datum von heute ___________

35 Die Speisen der Römer
(Wörter mit k oder ck)

Die Speisen der Römer |

Die meisten Römer lebten von Brot, | Getreidebrei und Gemüse. | Um die Mahlzeiten schmackhafter zu machen, | verwendeten sie gehackte Kräuter | oder exotische Gewürze.

Nur reiche Römer konnten sich prunkvolle Gelage | mit vielen verschiedenen Speisen leisten. | Für sie kochten und backten | ihre Sklaven oft stundenlang in der Küche. |

Zum Essen wurde meist Wein getrunken. | Um ihn bekömmlicher zu machen, | mischte man ihn mit Honig. |

Zu jeder Mahlzeit gab es eine Fischsoße, | die wir heute eklig finden. | Sie wurde aus Makrelen, | Sardellen und vielen stark riechenden Gewürzen | zusammengerührt. | Danach ließ man sie in der Sonne faulen, | weshalb die Soße übel stank. | Ob die Römer die Soße wirklich lecker fanden, | ist unbekannt. | Vielleicht sollte sie auch | den noch schlechteren Geschmack | von bereits verdorbenem Fleisch | oder Fisch überdecken, | denn Kühlschränke zum Frischhalten | gab es noch nicht. ||

131 Wörter

36 Ein unerwartetes Päckchen
(Wörter mit k oder ck)

Ein unerwartetes Päckchen |

Heiko träumte vom Krankenhaus. | Angefangen hatte alles mit einem merkwürdigen Gefühl im Bauch. | Als die Schmerzen immer stärker wurden, | packte seine Mutter die Sachen für die Klinik. | Im Traum landeten sie schnurstracks im Operationssaal. |

Dort steckten ihn dunkle Gestalten in einen Kittel. | Als Heiko aus der Narkose aufwachte, | wartete sein Onkel mit einem Geschenk in der Hand. | „Hier, von deinem Arzt", | sagte er und übergab ihm das Paket. | Heiko riss das Packpapier an der Ecke auf | und öffnete dann den Deckel einer Dose. | Heraus kam ein Plastikfrosch. | Er sah so aus wie die Frösche, | die in den Verpackungen | seiner Haferflocken versteckt waren. | Dann wachte Heiko erschrocken auf. | Langsam dämmerte es ihm, | dass er nur geträumt hatte. | Zum Glück hatte er nicht in Wirklichkeit die Froschfigur verschluckt. ||

129 Wörter

LERNTIPP
Wiederhole ein Diktat, bis du keine Fehler mehr machst. Lass dazwischen ein oder zwei Tage verstreichen.

Das Datum von heute ___________

37 Unter Wasser (Wörter mit k oder ck)

Unter Wasser |

Wenn du die Welt | unter Wasser erleben möchtest, | musst du mit Tauchermaske | und Atemgerät tauchen lernen. | Schon nach wenigen Übungsstunden | bereitet dir der Druckausgleich | kaum noch Mühe. | In der Tiefe gibt es Sandbänke, | auf denen manchmal gepunktete Rochen liegen. | Häufig tauchst du in Schwärmen | von gefleckten Fischen | oder siehst große Makrelen | und langarmige Kraken. | Während manche Fische nicht erschrecken, | sich streicheln und anlocken lassen, | solltest du den Hautkontakt | mit anderen meiden. | Berührst du sie, | kannst du einen juckenden Ausschlag bekommen. | Ein besonderes Erlebnis ist ein Nachttauchgang. | Mit einer starken Taschenlampe ausgerüstet, | siehst du Tiere, | die tagsüber nicht aus ihren Verstecken kommen | und nur nachts aktiv sind. ||

108 Wörter

Das Datum von heute ___________

38 Witze (Wörter mit s-Lauten)

Witze |

„Stellen Sie sich vor“, | erzählt Herr Eiermann, | „ich habe vier Freunde. | Drei davon heißen Sommer, | Herbst und Winter. | Raten Sie mal, | wie der vierte heißt!“ |
„Frühling, natürlich!“ |
„Nein, das ist ja gerade das Seltsame: | Der heißt Meier.“ |

Zwei Drosseln sehen zu, | wie der Gärtner fleißig | den Blumensamen in die Erde legt. | „Dass dem das nicht langweilig wird“, | sagt der eine Vogel, | „jedes Jahr das gleiche Spiel: | Er versteckt die Körner | und wir müssen sie suchen.“ |

Eine Fliege lässt ihren kleinen Sohn | auf einer Glatze spazieren gehen. |
„Nein“, seufzt sie, | „wie die Zeit vergeht. | Als ich so groß war wie du, |
war hier nur ein schmaler Fußweg.“ |

Der Quizmaster im Fernsehen | zum preisverdächtigen Kandidaten: |
„Nennen Sie mir etwas Schlimmeres | als eine Giraffe mit Halsschmerzen!“ |
Darauf der Kandidat: | „Ein Tausendfüßler mit Hühneraugen.“ ||

130 Wörter

39 Aus der Werbung
(Wörter mit s-Lauten)

Aus der Werbung |

Wissen Sie, | dass Sie etwas dafür tun müssen? |

Bewusst leben! | Richtig essen! |

Der Knabberspaß für unsere Kleinen! |

Lassen Sie es ihn selbst entdecken. |

Wenn's draußen richtig heiß ist. |

Darf's ein bisschen Fernweh sein? |

Medizinisch gesund! |

Warum es mit gepflegten Füßen besser geht. |

Kleiner Preis – große Wirkung! |

Herzlich willkommen zu Sport und Spaß! |

Was Katzen für ihr Leben gern fressen! |

Noch besser im Geschmack! ||

63 Wörter

Das Datum von heute __________

40 Redensarten
(Wörter mit s-Lauten)

Redensarten |

Glück und Glas, | wie leicht bricht das. |

Doppelt genäht hält besser.

Was Hänschen nicht lernt, | lernt Hans nimmermehr! |

Ohne Fleiß kein Preis. |

Stille Wasser gründen tief. |

Wer sät, der mäht! |

Wenn das Eis dünn ist, | muss man schnell laufen. |

Spinnen am Morgen, | Kummer und Sorgen. |

Wenn dem Esel zu wohl ist, | geht er aufs Eis. |

Gutes Essen und Trinken | hält Leib und Seele zusammen. |

Ein Narr kann mehr fragen, | als sieben Weise beantworten können. |

Wenn einer eine Reise macht, | dann kann er was erzählen. |

Hunde, die bellen, | beißen nicht. ||

87 Wörter

5/6

Das Datum von heute ___________

41 Kängurus
(Wörter mit s-Lauten)

Kängurus |

Kängurus leben nur in Australien. | Von allen Arten sind die roten Riesenkängurus die größten. | Sie leben in heißen, | trockenen Wüstengebieten. |

Alle Kängurus sind Pflanzenfresser. | Sie verspeisen, | was in ihrer Umgebung gerade wächst. | Wenn sie Gras fressen, | stützen sie sich auf den kurzen Vorderbeinen ab. | Danach reiben sie die Zähne | mit den Pfoten ab, | um sie sauber zu machen. |

Ein junges Känguru | ist bei der Geburt winzig klein. | Es wächst in dem Beutel | seiner Mutter fünf Monate lang heran, | bis es das erste Mal seinen Kopf | nach draußen steckt. |

Kängurus kämpfen gern | zum Spaß miteinander. | Dabei stützen sie sich | auf ihren starken Schwanz, | um gleichzeitig Schläge mit den Fäusten austeilen | und mit den Hinterbeinen treten zu können. |

Der Kopf der Kängurus | sieht ein bisschen wie der eines Schafes aus. | Ihre auffallend großen Ohren | sind sehr beweglich, | weswegen sie bestens hören können. ||

5/6

140 Wörter

42 Ausreißer gefasst
(Wörter mit s-Lauten)

Ausreißer gefasst |

Einen außergewöhnlichen Anruf | erhielt gestern die Essener Feuerwehr. | Offensichtlich war ein Wiesel | aus dem Freizeitpark entwischt | und trieb nun in der Innenstadt sein Unwesen. | Da das gefräßige Tier mit dem passenden Namen „Beißer“ | seit längerem nichts mehr gefressen hatte, | biss es in alles, was ihm vor die Schnauze kam. | Dabei verschluckte es auch einen Euroschein, | der einer Frau aus der Geldbörse gerutscht war, | als diese an einem Kassenautomat bezahlte. | Geistesgegenwärtig packte die Frau | das Tier am Schwanz. | Jetzt hatte der Spaß für das Wiesel ein Ende. | Mithilfe eines Passanten gelang es, | das possierliche Tierchen in ein Auto zu sperren. | Die Feuerwehr befreite das süße Wiesel | aus seinem Gefängnis | und übergab es dem Parkbesitzer. | Dieser ersetzte der Frau nicht nur das verschluckte Geld, | sondern versprach ihr ein Jahr lang | kostenlosen Eintritt in den Freizeitpark. ||

135 Wörter

LERNTIPP
Je mehr du liest, umso sicherer wirst du in Rechtschreibung. Also ran an Bücher, Zeitschriften, Comics ...

43 Überlebenskünstler am Pol
(Wörter mit s-Lauten)

Überlebenskünstler am Pol |

Kaiserpinguine leben rings | um den Südpol in der Antarktis. | Während die Sonne dort im Sommer | 24 Stunden am Tag scheint, | lässt sie sich im Winter | wochenlang überhaupt nicht blicken. | Die Temperaturen sinken | unter minus 50 Grad. | Doch warum frieren die | bis zu 1,20 Meter großen Tiere | dann nicht am eisigen Boden fest? | Ganz einfach: | In ihren Füßen wirken die Blutgefäße | als Wärmetauscher. | Das warme Blut aus dem Körperinneren | wird in den Füßen stark abgekühlt | und wenn es in den Körper zurückfließt, | wieder aufgewärmt. | So sind die Füße fast so kalt | wie das frostige Eis, | auf dem sie stehen. | Auf diese Weise kann es nicht anschmelzen | und wieder gefrieren, | wie es uns manchmal passiert, | wenn wir mit den Lippen am Eis festkleben. ||

124 Wörter

Das Datum von heute __________

44 Beim Tierarzt
(Wörter mit z und tz)

Beim Tierarzt |

Heute muss ich mit meiner Katze Nelli zum Tierarzt. | Sie soll geimpft werden. | Es ist mühsam, | sie in ihren Katzenkorb zu bekommen. | Immer wieder streckt sie alle Tatzen von sich | und macht sich ganz breit. | Ihre Krallen sind ausgefahren. | Ich muss aufpassen, | dass sie mich nicht kratzt. | Endlich kann ich den Korb verschließen. | Ich bin richtig ins Schwitzen geraten! |

Im Wartezimmer sitzen zwei Jungen | mit einem Pappkarton. | In den Deckel haben sie winzige Löcher gestochen. | Sie erzählen, | dass sie einen verletzten Spatz gefunden haben. |

Auf dem Platz daneben wartet ein Mann mit Glatze. | Sein Hund sieht aus | wie eine witzige Mischung aus Spitz und Terrier. | Er hat schwarze Knopfaugen | und einen kurzen buschigen Schwanz. | Der Hund beschnuppert mich mit seiner Schnauze. | Dann kaut er weiter auf einem Stück Holz. |

Plötzlich geht die Tür auf: | „Der Nächste, bitte!“ | Jetzt sind wir an der Reihe. ||

143 Wörter

5/6

Das Datum von heute ___________

45 Der Traum (Wörter mit z und tz)

Der Traum |

Heute Nacht hatte ich einen witzigen Traum. | Ich schwebte auf einer Wolke | langsam über den Marktplatz. | Alles war ganz still. | Plötzlich sah ich ein Zebra, | das ins Rathaus flitzte. | Gleich darauf folgten zwei Elefanten | und eine Schar Pinguine, | mindestens zwanzig Stück! | Im ganzen Haus ging das Licht an. | Ich flog näher heran | und konnte durch das Fenster | in den großen Saal hineinschauen. | Dort erklang einzigartige Musik | und die Tiere tanzten vergnügt. | Mir klopfte das Herz. |

Dann hörte ich ein Käuzchen rufen. | Die Uhr an der Spitze des Kirchturms | schlug zwölfmal. | Mitternacht! |

Das Bild platzte wie eine Seifenblase | und ich stürzte in ein dunkles Loch. | Erhitzt wachte ich auf | und merkte, dass alles nur ein Traum war. ||

116 Wörter

46 Genug geschwitzt (Wörter mit z und tz)

Genug geschwitzt |

Was für eine Hitze! | Ich schwitze, | mein Gesicht glänzt | und die Lippen schmecken salzig. | Heute hetzt uns der Trainer | wieder ganz schön. | Alle müssen nach seiner Pfeife tanzen. | Heinz rutscht aus | und stürzt zu Boden. | Kein Wunder, | denn der Sportplatz | ist nach dem Gewitter voller Pfützen. | Heinz steht auf | und putzt den Schmutz von seinen Knien. | Er verzieht das Gesicht vor Schmerz. | Michael versteckt sich | hinter den Pflanzen beim alten Bolzplatz. | Ich nutze die Gelegenheit | und flitze unbemerkt hinterher. | Ich setze mich zu ihm. | Jonas ist auch schon da | und erzählt einen Witz. | Mein Herz klopft, | immerhin schwänzen wir das Training. | Hoffentlich verpetzt uns Jan nicht. ||

108 Wörter

Das Datum von heute __________

47 Katzenkind
(Wörter mit z und tz)

Katzenkind |

Seit letzter Woche bin ich stolzer Besitzer einer Katze. | Minka ist klein und schwarz mit einem weißen Latz. | Als Papa sie aus dem Tierheim abgeholt hat, | pochte ihr kleines Herz ganz aufgeregt. | Sie hat sich aber schnell bei uns eingewöhnt | und liegt nun oft neben mir auf meiner Matratze. | Ihr Lieblingsplatz ist das Körbchen neben der Heizung. | Gestern musste Minka zum ersten Mal zum Arzt. | Sie bekam eine Spritze | und maunzte einmal kurz auf. | Zu Hause* benutzte sie dann | unseren Einkaufskorb als Katzenklo. | Zum Glück hat Mama nicht geschimpft, | sie ist nämlich sowieso schon gereizt | wegen der Katzenhaare und wegen der Kratzer an der Tapete. | Aber eigentlich findet sie Minka auch ganz putzig. ||

5/6

114 Wörter

* hier ist auch Zusammenschreibung möglich: zuhause

48 Der Hund und das Fleisch (Leicht verwechselbare Konsonanten)

Der Hund und das Fleisch |

Ein großer Hund hatte einem kleinen Hündchen | ein dickes Stück Fleisch abgejagt. | Als er mit seiner Beute im Maul | über eine schmale Brücke lief, | fiel sein Blick zufällig auf das Wasser. | Erstaunt blieb er stehen, | denn er sah unter sich einen Hund, | der gierig seine Beute festhielt. |

„Heute habe ich wirklich Glück", | sagte sich der Hund, | „sein Stück Fleisch scheint noch größer zu sein als meins." |

Gefräßig stürzte er sich | kopfüber in den Bach | und biss nach dem Hund, | den er von der Brücke aus gesehen hatte. | Er ruderte wild im Bach umher | und spähte hitzig nach allen Seiten. | Aber sein Gegenüber war verschwunden. |

Da fiel dem Hund sein soeben erbeutetes, | eigenes Fleischstück ein. | Wo war es geblieben? | Verwirrt tauchte er unter | und suchte danach. | Doch vergeblich, | in seiner dummen Gier | hatte er auch noch das Stück Fleisch verloren, | das er schon sicher | zwischen seinen Zähnen gehabt hatte. ||

nach Aesop

153 Wörter

LERNTIPP

Übe nicht mehr als ein Diktat am Tag! Aber auch nicht weniger!

5/6

Das Datum von heute __________

49 Die beiden Frösche
(Leicht verwechselbare Konsonanten)

Die beiden Frösche |

Zwei Frösche, | deren Tümpel die heiße Sommersonne | ausgetrocknet hatte, | gingen auf die Wanderschaft. | Gegen Abend kamen sie in die Stube eines Bauernhofs | und fanden dort einen großen Krug Milch vor. | Sie hüpften gleich hinein und tranken. |

Doch als sie ihren Durst gestillt hatten | und wieder ins Freie wollten, | konnten sie es nicht: | Die glatte Wand des Kruges | war nicht zu bezwingen. | Sie rutschten immer wieder in die Milch zurück. |

Viele Stunden mühten sie sich vergeblich ab | und ihre Schenkel waren längst müde. | Da quakte der eine Frosch: | „Ob wir noch strampeln oder nicht, | uns bleibt nur der Tod, | ich gebe auf!“ | Er bewegte sich nicht mehr, | sank auf den Boden des Gefäßes und ertrank. | Sein Gefährte aber kämpfte unermüdlich weiter | und es gelang. | Endlich fühlte er feste Butterbrocken | unter seinen Füßen. | Mit letzter Kraft stieß er sich ab | und sprang ins Freie. ||

nach Aesop

142 Wörter

Das Datum von heute ___________

50 Piratenschiff in Seenot
(Leicht verwechselbare Konsonanten)

Piratenschiff in Seenot |

Seit acht Wochen treibt das Schiff nun auf See. | Die Mannschaft ist schlecht gelaunt | und streitet andauernd. | Es gibt fast nichts mehr zu essen | und auch der Wasservorrat wird knapp. | Gelacht wird deshalb | an Bord schon lange nicht mehr. | Ein Pirat ist bereits sehr krank. | Er liegt stöhnend und schreiend auf seinem Bett | und wartet auf seinen Tod. | Der Kapitän hofft auf den Wind, | der sie aus ihrer Not befreit. | Kaum ein Pirat glaubt noch daran, | gerettet zu werden | und irgendwann wieder an Land zu gehen. ||

89 Wörter

Das Datum von heute __________

51 Kranke Regenwaldschnecke
(Leicht verwechselbare Konsonanten)

Kranke Regenwaldschnecke |

Als Felix beim letzten Mal | mit seiner Dackeldame „Hexe“ | beim Tierarzt war, | hörte er den Experten am Telefon sagen: | „Exoten behandeln wir hier eigentlich nicht. | Wir hatten aber einmal einen Dachs | mit ausgekugelter Achsel | oder eine extrem lange Echse, | die in einer extra angefertigten Transportkiste | zu uns gebracht wurde. | Luxus dürfen Sie bei uns | für Ihr Tier keinen erwarten, | aber ich komme gerne zu Ihnen nach Hause, | wenn Sie das wünschen.“ | Dann war einen Moment Ruhe, | bevor der Tierarzt explodierte. | Er brüllte mit lauter Stimme in den Hörer: | „Hören Sie, | ich habe sogar schon einen launischen Ochsen, | der die Boxentür mit einem Hieb durchbrach, | zu einem lammfrommen Tier gemacht. | Also werde ich es wohl schaffen, | bei Ihrer Regenwaldschnecke | den Verband zu wechseln.“ ||

124 Wörter

Das Datum von heute ___________

52 Ein Tag im Zoo
(Leicht verwechselbare Konsonanten)

Ein Tag im Zoo |

In den Ferien besucht Florian mit seinem Vater | und seiner vierjährigen Schwester | den zoologischen Garten. | Mit Fotoapparat, | Vesperdose und Getränkeflaschen im Rucksack | machen sich die drei | mit öffentlichen Verkehrsmitteln | auf den Weg zum Tierpark. | Dort angekommen, | schauen die beiden Geschwister | voller Freude den verspielten Äffchen | und den gefräßigen Raubtieren in ihren Käfigen zu. | Ganz besonders lustig finden sie die Fütterung der Seelöwen | und die Flugschau der Greifvögel | unter freiem Himmel. | Dabei vergessen sie völlig die Zeit. | Erst als die Durchsage | aus der Fernsprecheranlage ertönt, | verabschieden sie sich von ihren Lieblingen. | Es kommt öfter vor, | dass die Familie als letzte | den Zoo verlässt. ||

106 Wörter

Das Datum von heute __________

53 Die Wettfahrt
(Wortbausteine ent- und end-)

Die Wettfahrt |

Die Schule war endlich aus. | Lena und Max fuhren | mit ihren Fahrrädern nach Hause. | Unterwegs hatte Max eine Idee. | „Lass uns eine Wettfahrt machen“, | schlug er vor. | „Wer zuerst bei der großen Kreuzung ankommt, | hat gewonnen!“ | Lena war einverstanden. |

Schon bald hatte Max einen Vorsprung. | Er entfernte sich immer weiter von Lena, | bis er hinter einer Biegung verschwand. | Der Weg führte an einem Park entlang. | Lena strengte sich an | und trat kräftig in die Pedalen. | Die Strecke kam ihr endlos vor. | Vermutlich würde sie Max nicht mehr einholen. |

Doch nach der letzten Kurve | entdeckte sie das Fahrrad von Max. | Es lag einfach am Wegrand. | Ob ihm etwas zugestoßen war? | Lena schaute sich um. | Da sah sie, | wie Max vorsichtig | zwei Entenküken in den Händen trug | und zu einem kleinen Teich brachte. | „Sie wären mir fast vor das Fahrrad gelaufen. | Ich musste ihnen helfen“, | entschuldigte er sich, | als er zurückkam. | Aber da saß Lena schon wieder im Sattel und rief: | „Auf zum Endspurt!“ | Wer wohl gewonnen hat? ||

166 Wörter

Das Datum von heute ___________

54 Entscheidungsschwierigkeiten
(Wortbausteine ent- und end-)

Entscheidungsschwierigkeiten |

Endlich haben die Sommerferien begonnen. | Meine Eltern können sich aber wieder einmal nicht entscheiden, | wohin sie in den Urlaub fahren wollen. | Manchmal bin ich richtig wütend, | weil sie immer so entsetzlich unentschlossen sind. | Alle meine Freunde erzählen lachend | von ihren Urlaubsplänen. | Und ich? | Ich kann nur sagen, | dass wir entweder ans Meer | oder in die Berge fahren. | Am Ende fahren wir wieder nirgends hin, | sondern machen irgendwelche Tagesausflüge. | Dann bin ich enttäuscht. | Davon habe ich nun endgültig genug! | Heute mache ich ihnen einen Vorschlag. ||

85 Wörter

LERNTIPP
Zu zweit macht das Üben mehr Spaß: Suche dir einen Übungspartner und trefft euch regelmäßigen zu einem festen Termin, der dann auch nicht so leicht abzusagen ist.

55 Pias großer Tag
(Wortbausteine ent- und end-)

Pias großer Tag |

Endlich war es soweit. | Pia hatte hart für diesen Augenblick geübt. | Sie hatte sich | vor über einem halben Jahr entschlossen, | beim Tennisturnier für Jugendliche anzutreten. | Monatelang hatte sie mit ihrem Trainer | eine neue Technik entwickelt | und jetzt stand sie im Endspiel. | Ihre Gegnerin war ein Jahr älter | und fast einen Kopf größer als sie. | Nach dem ersten Satz | sah es für Pia nicht gut aus, | doch dann entfaltete sie ihr ganzes Können | und gewann den zweiten Satz. | Jetzt war das Spiel ein richtiger Endkampfkrimi | und am Ende verließ sie | als Siegerin den Platz. | Ihr Trainer war entzückt | und Pia strahlte über das ganze Gesicht, | als sie ihren Pokal entgegennahm. | Das entschädigte doch für alle Mühen. ||

119 Wörter

Das Datum von heute __________

56 Himmel und Hölle
(Wortbausteine -lich und -ig)

Himmel und Hölle |

Kennst du dieses vergnügliche Spiel? | Wahrscheinlich haben die römischen Soldaten | es zu uns mitgebracht. | Das zeigt, | dass es keineswegs zu kindlich | für dich ist! |

Es gibt unzählige verschiedene Namen dafür. | Wie du es nennst, | ist wirklich nicht wichtig. | Hier sind die Spielregeln: |

Zuerst wird auf den Boden | ein längliches rechteckiges Spielfeld gezeichnet | oder geritzt. | Es wird gleichmäßig in elf Felder eingeteilt. | Unten ist die Erde, | oben der Himmel. | Dazwischen liegt ein Feld mit der Hölle. |

Nun wirft der erste Spieler | einen beliebigen kleinen Stein | in das Feld der Erde. | Dann hüpft er auf einem Bein hinterher | und versucht gleichzeitig, | mit dem Fuß den Stein | in das nächste Feld zu kicken. | So hüpft er zügig von Feld zu Feld, | bis sein Stein | endlich oben im Himmel angekommen ist. | Dabei dürfen weder sein Stein | noch er selbst die Hölle berühren | oder den Rand eines Feldes übertreten. ||

144 Wörter

57 Die Löwenfamilie
(Wortbausteine -lich und -ig)

Die Löwenfamilie |

Friedlich ruht die Löwenfamilie | im Schatten eines Baumes. | Die Mittagshitze | macht selbst das Männchen schläfrig. | Deutlich erkennt man ihn in der Gruppe. | Er wirkt besonders kräftig | und seine Mähne ist gewaltig. | Trotz seiner Mattigkeit bleibt er für Angreifer sehr gefährlich. |
In der Dämmerung gehen die erwachsenen Weibchen | im Rudel gemeinsam auf die Jagd. | Die Jungen fühlen sich hungrig, | aber sie bleiben ruhig | und verstecken sich im hohen Gras. | Waren die Mütter erfolgreich, | tragen sie die Beute zu den anderen. | Glücklich über den Jagderfolg, | machen sich alle über die dicken Brocken her. | Das Männchen bekommt natürlich den Löwenanteil! | Obwohl sie noch gesäugt werden, | nagen auch die Jungen | schon genüsslich die Fleischreste | von den Knochen ab. ||

116 Wörter

58 Briefgeheimnis
(Wortbausteine -ig und -lich)

Briefgeheimnis |

Liebe Eva, |

herzlichen Dank für deinen* Brief. | Ich habe mich ehrlich darüber gefreut. | Ich finde auch, | dass wir unseren Streit | endlich beenden sollten. | Ich bin richtig glücklich, | dass du am Dienstag | nach der Schule zu mir kommen willst, | damit wir reden können. | Es war nämlich | ziemlich langweilig ohne dich. | Natürlich war ich ärgerlich auf dich, | als du so plötzlich abgehauen bist. | Es ist mir schließlich wichtig, | zu wissen, wo du bist. | Es wird wirklich Zeit, | dass wir uns treffen. | Ich bin schrecklich neugierig | auf deinen Bericht. |

Bis Dienstag, deine Lena ||

90 Wörter

* *du/dich/deinen* können in Briefen auch groß geschrieben werden

Das Datum von heute __________

59 Die Schatzinsel
(Schreibung von das und dass)

Die Schatzinsel |

Im Jahr 1883 veröffentlichte Robert Louis Stevenson | das Buch, das ihn später weltberühmt machte. | Es beschreibt das Abenteuer einer Schatzsuche, | das ein Junge namens Jim Hawkins | aus seiner Sicht erzählt. |

Das Gold, | das er gemeinsam mit Verbündeten suchen will, | liegt versteckt auf einer Insel. | Mit einem Segelschiff, | das Hispaniola heißt, | machen sie sich auf den Weg. | Während der Reise belauscht Jim, | dass Teile der Mannschaft vorhaben, | das Schiff in ihre Gewalt zu bringen. | Das soll aber erst geschehen, | wenn die Schatzsuche erfolgreich beendet ist. |

All das berichtet Jim dem Kapitän | und seinen Freunden. | Er erklärt, | dass er mit den Seeräubern | keine gemeinsame Sache machen will. |

Auf der Insel gerät Jim in Schwierigkeiten, | sodass er fliehen muss. |

Später finden sie tatsächlich | in einer Höhle das Gold, | das zwischen den Verbündeten aufgeteilt wird. | Jim ist froh, | dass er mit dem Gold | seine Ausbildung bezahlen kann. ||

5/6

143 Wörter

60 Gespräch vor dem Urlaub
(Schreibung von das und dass)

Mutter: | „Evi, | du musst noch das Kaninchen | zu Udo bringen. | Er hat ja versprochen, | dass er sich in den Ferien | darum kümmern will. | Und leg mir das neue T-Shirt heraus. | Ich möchte auch, | dass du mir gleich | noch etwas beim Putzen hilfst.“ |

Evi: | „Ich werde heute Abend | alles zurechtlegen, Mutti. | Das tolle neue Spiel | und das Buch von Onkel Albert | müssen aber auf jeden Fall mit. | Dass das Wetter so bleibt wie im Augenblick, | ist ja wohl kaum zu erwarten. | Der MP3-Player muss auch mit.“ |

Mutter: | „Am besten auch noch das Fernsehgerät, | das Zwergkaninchen und das neue Schlauchboot. | Ich hoffe, dass ich jetzt nichts vergessen habe.“ ||

110 Wörter

61 Unser Eichhörnchen
(Schreibung von das und dass)

Unser Eichhörnchen |

Das Eichhörnchen, das in unserem Garten lebt, ist grau. | Das ist in Deutschland eher selten. | Normalerweise sind diese Nager hierzulande | nämlich eher rot oder braun. | Das bedeutet aber nicht, | dass unser Eichhörnchen in England geboren ist, | wo die meisten seiner Rasse grau sind. | Ich glaube eher, dass seine Vorfahren | vor langer Zeit von dort gekommen sind. | Eigentlich ist das auch nicht so wichtig. | Ich finde jedenfalls, dass es das süßeste Eichhörnchen ist, | das ich kenne.

77 Wörter

LERNTIPP
Vielen macht es Spaß, einen Text mit dem Computer abzuschreiben.
Auch das trainiert!

Das Datum von heute __________

62 Segelpläne
(Schreibung von das und dass)

Segelpläne |

Ein Paar wandert am Strand entlang: |

Mann: | „Siehst du, | dass das Schiff gerade seine Segel setzt?“ |

Frau: | „Meinst du das große, | das neben dem roten Motorboot | vor Anker liegt?“ |

Mann: | „Ja genau. | Ich glaube, | dass es zu einer langen Reise aufbricht.“ |

Frau: | „Ach wäre das schön, | einmal über die Meere segeln zu können! | Meinst du, | dass ein Segelschein sehr teuer ist?“ |

Mann: | „Ich weiß nicht, | aber das lässt sich bestimmt herausfinden. | Glaubst du, | dass wir das schaffen könnten?“ |

Frau: | „Na klar, | wenn wir das gemeinsam in Angriff nehmen!“ |

Mann: | „Dann habe ich ja schon | das passende Geburtstagsgeschenk für dich. | Das wird bestimmt ein Spaß, | wenn wir beide das Segeln lernen.“ ||

111 Wörter

63 Fußballerglück
(Schreibung von das und dass)

Fußballerglück |

Dieses Wochenende fand das Fußballspiel | der Mannschaft von Michael und Daniel | auswärts statt. Schon nach sieben Minuten | schoss Michael das erste Tor. | Der Ball war drin. | Aber der Torwart behauptete, | dass der Fußball noch auf der Torlinie zum Liegen kam. | Daniel bezweifelte, | dass das stimmte. | Er glaubte, | dass Michael eindeutig getroffen hatte. | Der Schiedsrichter dachte das auch | und darum gab er zunächst das Tor. | Doch der Trainer der anderen Mannschaft protestierte | und behauptete, | dass der Ball eindeutig auf der Linie lag. | Dann beriet sich der Schiedsrichter | mit seinen Linienrichtern | und sie beschlossen, | dass der Treffer zählte. |

Schließlich endete das Spiel unentschieden. | Daniel meinte: | „Glück gehabt, | dass dein Tor gegeben wurde, | sonst hätten wir verloren.“ ||

115 Wörter

Das Datum von heute __________

64 Unser Versteck
(Schreibung von das und dass)

Unser Versteck |

Das alte Haus, das neben der Schule steht, | ist schon lange unbewohnt. | Man erkennt das daran, | dass nie Licht brennt. | Eigentlich ist das Betreten des Hauses verboten. | Aber das ist uns egal, | schließlich ist das Haus nicht baufällig. | Solange es niemand bemerkt, | ist das oberste Zimmer unser Geheimversteck. | Dort spielen wir, | dass das Haus uns gehört. | Ihr dürft das aber niemandem verraten. | Sonst verbieten uns die Erwachsenen nur, | dass wir uns dort treffen. | Das wäre schade. ||

77 Wörter

LERNTIPP
Erkundige dich nach Rechtschreibprogrammen, mit denen man am Computer üben kann. Vielleicht kannst du sie in der Schul- oder Stadtbücherei ausleihen oder frage deine Deutschlehrerin.

Das Datum von heute __________

65 Auf in den Safari-Park
(Satzschlusszeichen)

Auf in den Safari-Park |

„Freust du dich auf morgen?“ |

„Du meinst die Fahrt | in den Safari-Park?“ |

„Wären wir doch schon da!“ |

„Nun hör aber auf!“ |

„Worauf bist du denn so wild?“ |

„Die Tiere interessieren mich weniger. |

Die habe ich alle schon gesehen. |

Ich freue mich | auf den Vergnügungspark, |

den wir hinterher besuchen.“ |

„ Der ist klasse!“ |

„Warst du schon mal | in der Riesenschaukel?“ |

„Die ist vielleicht super.“ |

„Ich will mir die Vorführung | in der Westernstadt ansehen. |

Kommst du mit?“ ||

(hier die Satzschlusszeichen nicht mitdiktieren)

74 Wörter

66 Auskunft
(Satzschlusszeichen)

Auskunft |

„Entschuldigen Sie bitte, | können Sie mir sagen, wie spät es ist?“ |

„Jetzt ist es halb vier.“ |

„Vielen Dank.“ |

„Entschuldigung, | wo finde ich denn die Sockenabteilung?“ |

„Die schönsten Socken bekommen Sie im ersten Stock, | neben dem Schuhladen.“ |

„Dankeschön.“ |

„Hallo Mama!“ |

„Hallo Tim! | Was machst du denn hier?“ |

„Mama, stell dir vor, | meine Klasse hat mich zum Klassensprecher gewählt!“ |

„Wie schön! | Ich gratuliere dir!“ |

„Verflixt und zugenäht! | Gibt es in diesem Saftladen denn niemanden, | der sich auskennt?“ |

„Kann ich Ihnen irgendwie behilflich sein, mein Herr?“ |

„Da wären Sie aber die Erste! | Ich suche das Fundbüro.“ |

„Fundgegenstände werden bei mir abgegeben. | Was vermissen Sie denn?“ |

„Meine Frau!“ ||

(die Satzschlusszeichen hier nicht mitdiktieren)

105 Wörter

Das Datum von heute __________

67 Schulwitze
(Satzschlusszeichen)

Schulwitze |

Es ist in der Erdkundestunde. | Der Lehrer fragt: | „Was ist weiter von uns entfernt: | China oder der Mond?“ |

Leo ruft sofort in die Klasse hinein: | „China, Herr Lehrer!“ |

Der Lehrer wundert sich: | „Nicht der Mond?“ |

Leo antwortet: | „Den Mond kann man ja | von hier aus noch sehen, | China aber nicht.“ |

Der Lehrer fordert Lisa auf: | „Komm an die Landkarte | und zeige uns Amerika.“ | Lisa zeigt auf die USA. | „Richtig“, sagt der Lehrer | und fragt die Klasse: | „Und wer hat Amerika entdeckt?“ | Antwort der Klasse: | „Lisa!“ |

Jenny schimpft über die Klassenarbeit in Deutsch: | „War das ein blödes Thema! | Mir ist überhaupt nichts eingefallen. | Ich habe ein leeres Blatt abgegeben.“ | Ihre Freundin stimmt zu: | „Ich auch! | Denkt die Lehrerin jetzt wieder, | dass wir voneinander abgeschrieben haben?“ ||

(die Satzschlusszeichen nicht mitdiktieren)

5/6

125 Wörter

Das Datum von heute ___________

68 Der Mantel von Einstein
(Zeichen der wörtlichen Rede)

Der Mantel von Einstein |

Der berühmte Physiker Einstein | soll äußerst sparsam | und bescheiden gelebt haben, | was auch manchmal seine Kleidung verriet. | Einmal fragte ihn ein Freund: | „Willst du dir nicht mal einen neuen Mantel kaufen?“ | Einstein lächelte nur und erwiderte: | „Hier kennt mich doch jeder | und weiß, wer ich bin.“ |

Die beiden Freunde | sahen sich einige Zeit später | in New York wieder. | Einstein trug den gleichen Mantel. | Der Freund meinte: | „Du trägst ja noch immer den gleichen Mantel!“ | Darauf entgegnete Einstein: | „Warum nicht, | hier weiß ja niemand, | wer ich bin.“ ||

(hier die Satzzeichen zur wörtlichen Rede nicht mitdiktieren)

85 Wörter

Das Datum von heute __________

69 Tierische Witze
(Zeichen der wörtlichen Rede)

Tierische Witze |

Zwei Fische treffen sich im Meer. |

„Hei“, sagt der eine. |

„Wo?“, fragt der andere. |

Ein Elefant kommt in eine Konditorei |

und sagt zur Verkäuferin: |

„Einmal Rumkugeln, bitte.“ |

Die Verkäuferin antwortet: |

„Aber nicht hier im Laden!“ |

Zwei Glühwürmchen treffen sich im Park. |

„Ich hab’s eilig, denn ich muss schnell zum Augenarzt“, |

sagt das eine Glühwürmchen. |

„Hast du denn schlechte Augen?“, |

fragt das andere.

„Gestern“, |

erzählt da das erste, |

„habe ich doch tatsächlich versucht, eine brennende Zigarette zu küssen.“ ||

(hier die Satzzeichen zur wörtlichen Rede nicht mitdiktieren)

77 Wörter

Das Datum von heute __________

70 Haben Sie Brot?

(Zeichen der wörtlichen Rede)

Haben Sie Brot? |

Ein Mann kommt zur Post, | stellt sich an den Tresen | und fragt den Postbeamten: | „Haben Sie Brot?“ | „Nein“, antwortet der Beamte erstaunt. | Doch der Mann fragt erneut: | „Haben Sie Brot?“ | Wieder antwortet der Beamte: | „Nein, wir haben kein Brot.“ | Der Mann nickt kurz | und stellt wieder seine Frage: | „Haben Sie Brot?“ | „Ich sagte doch ganz deutlich“, | entgegnet der Postbeamte ein wenig lauter, | „dass wir kein Brot haben!“ | So geht es eine Weile hin und her. | Schließlich droht der Beamte: | „Wenn Sie noch einmal nach Brot fragen, | nagle ich Ihre Krawatte an die Theke!“ | „Haben Sie Nägel?“, fragt der Mann. | „Nein“, sagt der Beamte. | „Haben Sie Brot?“, | will der Mann daraufhin wissen. ||

(hier die Satzzeichen zur wörtlichen Rede nicht mitdiktieren)

114 Wörter

LERNTIPP

Wenn du ein schwieriges Wort lernen willst, probiere es mal im Gehen. Buchstabiere es laut vor dich hin, während du auf und ab gehst. Vielleicht findest du einen guten Rhythmus.

71 Im Kino
(Zeichen der wörtlichen Rede)

Im Kino |

Peter und Marie möchten gemeinsam ausgehen. | „Was hältst du von einem Kinobesuch?“, | fragt Peter. | Marie ist unentschlossen: | „Der Film soll gut sein. | Aber im Arena-Kino | sind die Plätze so unbequem | und man sieht dort immer nur | den Kopf des Vordermanns.“ |

„So schlimm wird es schon nicht sein“, | versucht Peter sie zu überzeugen. | „Ich spendiere auch eine Portion Popcorn.“ | Marie willigt ein. | „Sitzt du auch bequem?“, | fragt Peter, | als sie im Kino Platz genommen haben. | „Ja“, flüstert Marie. | „Kannst du auch gut sehen?“, | möchte Peter wissen. |

„Ja, es ist viel besser, | als ich dachte“, | antwortet Marie. | „Prima“, sagt Peter, | „dann lass uns die Plätze tauschen.“ ||

(hier die Satzzeichen zur wörtlichen Rede nicht mitdiktieren)

106 Wörter

Das Datum von heute ___________

72 Das Schwein auf dem Eis
(Zeichen der wörtlichen Rede)

Das Schwein auf dem Eis |

Eines Tages im kalten Winter | kam die Ente beim Schwein vorbei | und fragte: | „Kommst du mit zum Weiher? | Wir wollen eislaufen.“ | „Nein“, entgegnete das Schwein, | „das ist mir zu kalt.“ | „Aber Eislaufen macht großen Spaß“, | drängelte die Ente. | Das Schwein wackelte mit den Ohren | und grunzte: | „Ich habe noch nie auf dem Eis gestanden.“ | „Na, komm schon“, | sagte die Ente, | „ich zeige es dir.“ | Dann liefen beide zum See. | Dort schubste die Ente das Schwein | mit aller Kraft an, | bis es über das Eis rutschte. | Das Schwein jubelte: | „Juhu, ich kann eislaufen!“, | und schon fiel es auf seine rosa Schnauze. ||

(hier die Satzzeichen zur wörtlichen Rede nicht mitdiktieren)

105 Wörter

73 Hausaufgaben
(Zusammen oder getrennt)

Hausaufgaben |

Max hat sein Deutschbuch | im Klassenzimmer liegen lassen. | Dabei sollte er daraus als Hausaufgabe | ein Gedicht auswendig lernen. | Wenn er wieder eine schlechte Note bekommt, | droht ihm das Sitzenbleiben *. | Deshalb ruft er seinen besten Schulfreund an. | „Der kann gerade nicht“, | meint seine Mutter, | „er ist im Bad | und möchte sich einige Haarsträhnen rotfärben*.“ |

Nichtsdestotrotz gibt Max nicht auf | und geht geradewegs zu Annika | in die Pariser Straße. | „Was willst du denn hier?“, | fragt sie erstaunt. | Kleinlaut trägt Max seine Bitte vor | und Annika hilft ihm bereitwillig | mit ihrem Buch aus. | Sie kann das Gedicht schon aufsagen | und bietet ihm sogar an, | mit ihm zu lernen. | Trotzdem hat Max das Gefühl, | sie wolle ihn wieder loswerden. | Darum geht er wieder. | Das ist ihm ohnehin lieber, | denn allein kann er am besten lernen. ||

5/6

135 Wörter

* kann auch auseinander geschrieben werden

Das Datum von heute __________

74 Büchereiordnung
(Zusammen oder getrennt)

Büchereiordnung |

Zur Wiedereröffnung unserer Bibliothek | möchten wir Sie über unsere Ausleihbedingungen informieren. |

Unsere Öffnungszeiten haben sich nicht geändert. |

Wir bitten Sie weiterhin, sich die Bücher selbst auszusuchen | und aus dem Regal zu holen. |

Um das Wiederfinden zu erleichtern, | bitten wir Sie, | die Bücher immer an den richtigen Platz zurückzustellen. |

Wir möchten Sie daran erinnern, | die Bücher termingerecht zurückzugeben. | Sonst müssen wir Ihnen | Mahngebühren in Rechnung stellen. |

Für Schäden an den Büchern müssen Sie aufkommen | sowie eine Wiedergutmachung bezahlen. ||

78 Wörter

75 Weihnachten zu Hause*
(Zusammen oder getrennt)

Weihnachten zu Hause* |

In diesem Jahr durfte ich mitkommen, | um den Weihnachtsbaum auszusuchen. | Eine hochgewachsene Tanne gefiel Mutter | und mir am besten. | Vater und Verena mussten inzwischen | das ganze Haus nach dem Christbaumschmuck durchsuchen. | Ein Teil der Kugeln war wohl abhanden gekommen, | trotzdem war noch genug Schmuck | übrig geblieben*, | um den Baum prächtig herauszuputzen. | Ich wusste, | dass mir das Warten | auf die Bescherung schwerfallen würde. | Aber diesmal schien die Zeit | gar nicht vorübergehen zu wollen. | Ich war so froh, | als wir endlich alle zusammensaßen | und unsere Geschenke auspackten. | Meine Schwester schenkte mir tatsächlich | selbst gestrickte* knallbunte Socken. | Da musste ich zweimal hinsehen, | doch mittlerweile finde ich sie ganz schön. ||

106 Wörter

* hier ist auch Zusammenschreibung möglich

Das Datum von heute __________

76 Sonnenbrand – nein danke!
(Zusammen oder getrennt)

Sonnenbrand – nein danke! |

Nach dem Winter freut sich jeder | über die lang erwarteten warmen Sonnenstrahlen. | Viele legen sich dann sofort zum Sonnenbaden nach draußen. | Doch Vorsicht: Unsere hochempfindliche Haut | bekommt schnell einen Sonnenbrand, | wenn wir nicht Acht geben*. | Darum sollte es selbstverständlich sein, | eine Sonnenmilch mit hoch dosiertem* Lichtschutzfaktor zu verwenden. | Darüber hinaus ist es klug, | wenn man während der heißen Mittagszeit daheimbleibt | oder sich zumindest im Schatten aufhält. |

Auch Kleidung schützt vor zu viel Sonnenbelastung. | Wer am Strand ein T-Shirt überstreift | und einen breitkrempigen Sonnenhut trägt, | wird seiner Haut auf jeden Fall guttun. ||

94 Wörter

* hier ist auch Zusammenschreibung möglich

5/6

77 Henry Ford
(Silbentrennung)

Hen-ry Ford |

Ein Au-to-fah-rer hat-te ei-ne Pan-ne | und ver-such-te ver-geb-lich, | den Mo-tor-scha-den zu be-he-ben. | Ein Au-to der Mar-ke Ford hielt ne-ben ihm, | der Fah-rer stieg aus | und hat-te den Scha-den schnell be-hob-en. | Der dank-ba-re Au-to-fah-rer | woll-te dem Hel-fer ein Trink-geld ge-ben. | Die-ser, es war Hen-ry Ford per-sön-lich, | wehr-te ab und be-merk-te: | „Dan-ke, das ist nicht nö-tig, | ich le-be in ei-ni-ger-ma-ßen gu-ten Ver-hält-nis-sen.“ | „Das ver-ste-he ich nicht“, | be-merk-te da-rauf-hin* der Au-to-fah-rer, | „wa-rum* fah-ren Sie dann einen Ford?“ ||

(zuerst den Text diktieren und anschließend alle Trennungen durch senkrechte Striche angeben lassen)

74 Wörter

* auch möglich: dar-auf-hin

** auch möglich: war-um

Das Datum von heute ___________

78 Eine lange Einkaufsliste
(Silbentrennung)

Ei-ne lan-ge Ein-kaufs-lis-te |

- drei Pa-ke-te Scho-ko-la-den-küs-se |
- ein hal-ber Li-ter Zi-tro-nen-li-mo-na-de |
- vier-und-zwan-zig Wach-tel-ei-er |
- drei-und-acht-zig Blu-men-töp-fe |
- zwei-und-vier-zig Rol-len ex-tra-wei-ches Klo-pa-pier |
- fünf Glä-ser Vier-fucht-mar-me-la-de |
- sie-ben Fla-schen Ba-na-nen-milch |
- ein Ei-mer Erd-nuss-but-ter |
- Hals-schmerz-tab-let-ten |
- zwei-und-zwan-zig Leb-ku-chen-her-zen |
- zwei Ki-lo Zwerg-ka-nin-chen-fut-ter |
- fünf-und-vier-zig ro-sa-far-be-ne Dau-er-lut-scher |
- ei-ne Tü-te zu-cker-frei-e Gum-mi-bär-chen |
- drei di-cke grau-e Plüsch-ele-fan-ten |
- drei-und-neun-zig Me-ter Las-so-lei-ne |
- und ei-nen gel-ben Gum-mi-ball ||

(zuerst den Text diktieren und dann die Trennungen durch senkrechte Striche angeben lassen)

51 Wörter

LERNTIPP
Wenn du gezielt für ein angekündigtes Diktat in der Schule üben willst, fange frühzeitig an. Unter Zeitdruck kann niemand gut lernen! Lieber öfter kleinere Übungsportionen einschieben als einen ganzen Nachmittag darüber brüten.

Das Datum von heute __________

79 Brokkolicremesuppe (Silbentrennung)

Brok-ko-li-creme-sup-pe* |

Et-wa ein Ki-lo Brok-ko-li put-zen | und in Rös-chen tei-len. |

500 ml Ge-mü-se-brü-he | mit eben-so viel Sah-ne | zum Ko-chen brin-gen. |

Den Brok-ko-li da-rin 15 Mi-nu-ten ga-ren. |

Dann al-les pü-rie-ren. |

Mit Salz und Pfef-fer ab-schme-cken. |

Et-was Mus-kat-nuss da-zu-ge-ben. |

Gu-ten Ap-pe-tit! ||

(zuerst komplett diktieren und anschließend alle Trennungen durch senkrechte Striche angeben lassen)

5/6

38 Wörter

* auch Broc-co-li möglich

Das Datum von heute ___________

80 Ein buntes Vergnügen (Silbentrennung)

Ein bun-tes Ver-gnü-gen |

Si-cher warst du auch schon ein-mal | auf dem Rum-mel-platz | oder in ei-nem Ver-gnü-gungs-park. |
Hier gibt es vie-le Fahr-ge-schäf-te, | die für jeden Ge-schmack et-was bie-ten. |
Ganz mu-ti-ge Be-su-cher fah-ren mit der Ach-ter-bahn | o-der ei-ner Wild-was-ser-rutsch-bahn, | die man unter Ga-ran-tie klatsch-nass ver-lässt. | Manch-mal kann man sich so-gar | aus schwin-del-er-re-gen-der Hö-he an ei-nem Gum-mi-seil | in die Tie-fe fal-len las-sen. | Doch die meis-ten Be-su-cher schau-en bei die-ser Mut-pro-be | lie-ber vom si-che-ren Bo-den aus zu. | Aber auch für die klei-nen | oder we-ni-ger mu-ti-gen Gäs-te | ist et-was ge-bo-ten. | Irr-gär-ten, Los-bu-den, | ein Rie-sen-rad oder Ka-rus-sells | dür-fen nir-gend-wo feh-len. | Selbst für das leib-li-che Wohl ist mit Würst-chen-bu-den, | Eis-stän-den oder Zu-cker-wat-te-ver-käu-fern über-all ge-sorgt. |

(zuerst den Text diktieren und dann die Trennungen durch senkrechte Striche angeben lassen)

107 Wörter

LERNTIPP
Klatsche die Silben von schwierigen Wörtern mit.

5/6

Das Datum von heute ___________

81 Eine Reisegeschichte
(Silbentrennung)

Ei-ne Rei-se-ge-schich-te |

In den Som-mer-fe-ri-en | war ich bei mei-nen Groß-el-tern | in Ita-li-en ein-ge-la-den. | Zum ers-ten Mal soll-te ich al-lei-ne | mit dem Zug fah-ren. | Auf dem Bahn-steig er-fuhr ich, | dass der Schnell-zug Ver-spä-tung hat-te. | Als der Zug dann ein-ge-fah-ren war, | such-te ich mei-nen Sitz-platz. | Doch die-ser war be-reits be-legt | und so ver-brach-te ich die ers-te Zeit im Gang. | Erst als der Schaff-ner kam, half er mir, | ei-nen an-de-ren Platz zu fin-den. | Er frag-te mich, | ob ich nur die-se ei-ne Ta-sche da-bei-hät-te, | und jetzt be-merk-te ich, | dass ich mei-nen Kof-fer am Bahn-hof ver-ges-sen hat-te. | Der Schaff-ner te-le-fo-nier-te | und sorg-te da-für, | dass mein Ge-päck nach-ge-schickt wur-de. | An der Gren-ze muss-ten wir lan-ge war-ten. | Aber schließ-lich konn-te ich mei-ne Oma am Ziel um-ar-men. | Ich war froh, | end-lich da zu sein. ||

(zuerst den Text diktieren und dann die Trennungen durch senkrechte Striche angeben lassen)

127 Wörter

Das Datum von heute ___________

82 Vor der Geisterbahn
(Komma bei Ausrufen und Anreden)

Vor der Geisterbahn |

„Sascha, hast du Lust, | mit mir in der Geisterbahn zu fahren?“ |

„Au ja, sehr!“ |

„Verflixt, ich habe nicht mehr genug Geld!“ |

„Du, ich kann dir etwas leihen.“ |

„Prima, vielen Dank!“ |

„Zwei Eintrittskarten, bitte!“ |

„Wie, heute gibt es Rabatt?“ |

„Haben wir ein Glück! | Dann reicht mein Geld ja doch. | Jetzt aber los, Sascha!“ |

„Mensch, bin ich gespannt!“ ||

(kein Komma mitdiktieren)

56 Wörter

83 Freizeitpark
(Komma bei Aufzählungen)

Freizeitpark |

Für ganz kleine, | größere und ganz große Kinder | gibt es tausend Möglichkeiten, | sich in diesem Freizeitpark zu vergnügen. | Das Freilichtmuseum zeigt unter anderem: | Dörfer und Weiler, | Einzelhöfe, Windmühlen, | eine Wassermühle und einen Gutshof. | Die Freilichtausstellung aus Lego-Steinen | mit Städten, Dörfern, Schlössern, | Kirchen und Eisenbahngelände | bietet nicht nur etwas zum Schauen. | Schiffschaukel, Achterbahn und Riesenrad | stehen zur Verfügung. |
Außerdem kann man verschiedene Vorführungen besuchen: | die Westernshow, den Zirkus oder das Kino. ||

(kein Komma mitdiktieren)

72 Wörter

84 An der Gepäckausgabe
(Komma bei Aufzählungen und vor dass)

An der Gepäckausgabe |

Sicher sind dir am Flughafen | schon die langen, flachen und im Kreis verlaufenden Förderbänder aufgefallen. | Die angekommenen Fluggäste stehen davor | und suchen in der nicht enden wollenden Schlange | aus dicken oder dünnen, einfarbigen oder bunten | Koffern, Reisetaschen und Rucksäcken ihr Gepäck. | Manchmal kommt es vor, | dass einige Fluggäste ungeduldig | drängeln, schubsen, streiten oder sogar | Mitreisende beschimpfen. | Doch die meisten sind einfach froh, | zufrieden und erleichtert, | wenn sie ihr Gepäckstück sicher | und wohlbehalten in Empfang nehmen können. | Ab und zu kommt es vor, | dass ungewöhnliche Gepäckstücke vorüberziehen. | Es handelt sich hierbei um sperrige Kisten, Kartons, unförmige Gebilde | oder Tiertransportkisten, | die als Sperrgut aufgegeben worden waren. ||

(kein Komma mitdiktieren)

107 Wörter

5/6

Das Datum von heute ___________

85 Willkommene Ablenkung
(Komma in der Satzreihe)

Willkommene Ablenkung |

Es ist 15.00 Uhr(,)* | und Sonja will ihre Matheaufgaben machen. | Um 16.00 Uhr ist das Geburtstagsfest bei Jutta, | deshalb will sie schnell fertig werden. |
Von draußen ist lautes Miauen zu hören, | darum macht Sonja die Terrassentür auf. | Der Kater Tiger | schleicht schnurrend ins Zimmer(,)* | und Sonja streichelt ihm über den Rücken. |
Jetzt beginnt sie in ihr Heft zu schreiben, | da springt Tiger auf den Schreibtisch. |
Im Heft hinterlässt er seine Pfotenabdrücke, | aber Sonja wird nicht böse. |
Sie lässt sich nur allzu gern ablenken, | deswegen verschiebt sie | die Matheaufgaben auf den Abend. ||

(kein Komma mitdiktieren)

5/6

92 Wörter

* Die beiden Kommas in Klammern kann man auch weglassen. Man kann sie setzen, um die Gliederung des Satzes deutlich zu machen.

86 Weggegangen, Platz vergangen!
(Komma in der Satzreihe)

Weggegangen, Platz vergangen! |

Petra ruht sich in der Sonne aus, | ihr kleiner gescheckter Kater | mit dem Namen Tiger | liegt ausgestreckt im Schatten. | Petra wird es langweilig, | sie holt sich ein Buch. |

Tiger hebt den Kopf, | er ist von dem Geräusch wach geworden. |

Langsam steht er auf, | ganz plötzlich springt er mit einem Satz | in den Liegestuhl. |

Der Kater legt seinen Kopf auf das weiche Kissen, | er lässt ein behagliches Schnurren hören. |

Petra kommt mit ihrem Buch zurück, | doch der Kater hat ihren Platz eingenommen. | Tiger bleibt völlig ungerührt liegen, | sein Frauchen klappt sich | einen zweiten Liegestuhl auf. ||

(kein Komma mitdiktieren)

96 Wörter

87 Akrobaten
(Komma bei angereihten Wortgruppen)

Akrobaten |

Die Lichter gingen aus, | das Zirkuszelt lag im Dunkeln. | Da fiel ein Lichtkegel auf das Trapez. | Plötzlich erschien ein Akrobat, | kletterte sofort nach oben, | wartete einen Tusch von der Kapelle ab | und hing auch schon an der Trapezstange. |
Hoch oben in der Zirkuskuppel | flog er hin und her. | Von der anderen Seite | kam nun ein zweiter Akrobat, | sprang ebenfalls an ein Trapez | und flog dem ersten entgegen. |
Mitten im Flug | wechselten dann beide die Stangen. | Immer wieder ging es hin und her, | mal zu zweit an einer Stange, | mal allein und sogar mit einem doppelten Salto. |
Dann wurden dem ersten Akrobaten | die Augen verbunden | und ein Trommelwirbel ertönte. | Die Zuschauer hielten den Atem an, | rührten sich nicht | und blickten gespannt auf das Paar. | Geschafft! | Auch mit Augenbinde | klappte der Wechsel zur anderen Stange. ||

(kein Komma mitdiktieren)

133 Wörter

Das Datum von heute __________

88 Wellensittiche
(Komma im Satzgefüge)

Wellensittiche |

Wellensittiche, die als Haustiere | äußerst beliebt sind, | zeigen den Menschen gegenüber | in der Regel ein freundliches Gemüt. | Ihr Käfig sollte mit einem Spiegel ausgestattet sein, | mit dem sich der Wellensittich | gerne die Langeweile vertreibt. | Der Käfig, in dem sich ein Wellensittich | geborgen fühlen soll, | muss groß genug sein. | Die Gitterstäbe, an denen die Sittiche | gerne knabbern, | sollten aus Metall sein | und waagerecht verlaufen. | Wellensittiche, die zu den Schwarmvögeln gehören, | leben gerne gesellig. | Ein Wellensittich, der allein | in einem Käfig gehalten wird, | schließt sich bei intensivem täglichem Kontakt | eng an seinen Pfleger an. ||

(kein Komma mitdiktieren)

93 Wörter

Das Datum von heute __________

89 Das Tigerbaby (Komma im Satzgefüge)

Das Tigerbaby |

Im Tierpark Hagenbeck | adoptierte eine Hündin ein Tigerbaby. | Zwischen der grazilen Windhündin Bahila, | deren Ahnen durch die Sanddünen der Sahara jagten, | und dem pummeligen Tigerbaby Don, | dessen Vorfahren die verschneiten Wälder | der Mongolei durchstreiften, | entwickelte sich eine intensive Beziehung. |

Weil die Mutter des sibirischen Tigers | aus dem Hamburger Tierpark Hagenbeck | keine Milch mehr gab, | hatte der Tierpfleger Karl den kleinen Tiger, | der erst vier Wochen alt war, | mit nach Hause genommen. | Er wollte das Tigerbaby | mit der Flasche aufziehen, | während die übrigen Mutterpflichten | die vierjährige Windhündin übernehmen sollte. |

Obwohl Bahila, | der Name heißt wörtlich die Schöne, | noch nie eigene Welpen hatte, | kümmerte sie sich sofort um das Tigerbaby. | Sie putzte ihren Liebling, | stupste ihn, spielte mit ihm. | Wenn er Bauchweh hatte, | massierte sie sogar seinen Bauch mit der Schnauze. | Obwohl Bahila sanft und zerbrechlich wirkte, | wusste sie sich stets | gegen ihren Adoptivsohn durchzusetzen. | Manchmal tobten sie so lange im Freigehege, | bis Don erschöpft zu Boden ging. ||

(kein Komma mitdiktieren)

151 Wörter

Das Datum von heute ___________

90 Schilda (Komma bei Einschüben)

Schilda |

Schilda, ein Ort aus dem Kaiserreich Utopia, | ist durch die Dummheit der Schildbürger berühmt geworden. |

Der Ochsenwirt, | ein besonders kluger Mann, | schlug eines Tages vor, | das Gras und die Kräuter auf der Stadtmauer | besser zu verwerten. | Der Schreiner, ein ebenso pfiffiger Kopf, | meinte, die Kühe sollten selber hinaufklettern. |

Am nächsten Morgen | wurde Minna, die Kuh des Bürgermeisters, | geholt. | Minna, ein störrisches Tier, | weigerte sich, auf die Mauer zu gehen. |

Die Schildbürger, wie immer kluge Leute, | wussten sofort Rat. | Sie banden der Kuh einen Strick um den Hals. | Daran wollten sie das Tier auf die Mauer ziehen. |

Aber Minna, die schwerste Kuh | aus dem Stall des Bürgermeisters, | verdrehte die Augen. | Sie wollte das Gras auf der Mauer einfach nicht fressen. | Da konnte der Bürgermeister, | der Besitzer der Kuh, | nur noch den Tod seines Haustieres feststellen. ||

(kein Komma mitdiktieren)

134 Wörter

5/6

Das Datum von heute __________

91 Unfall auf dem Pausenhof (Komma bei unterordnenden Konjunktionen)

Unfall auf dem Pausenhof

Während wir gestern in der großen Pause im Schnee tobten, | passierte ein schlimmer Unfall. | Jan traf Mark mit einem Eisklumpen am Auge, | obwohl beide schon mehrmals an das Schneeballverbot | auf dem Pausenhof erinnert worden waren. | Auch wenn Jan es nicht wollte, | schickte ihn unser Klassenlehrer zum Arzt, | denn er meinte, | die Platzwunde müsste genäht werden. | Noch bevor Jan an der Reihe war, | wurde er im Wartezimmer ohnmächtig. | Der Arzt überwies ihn sofort ins Krankenhaus, | weil die Verletzung schlimmer war als gedacht. | Jan kam erst wieder zu sich, | als er in einem Krankenwagen mit Blaulicht | in die nächste Klinik fuhr. | Nachdem Jan untersucht worden war, | wurde er sofort in den Operationssaal geschoben. | Ob sein Augenlicht gerettet werden kann, | bleibt noch abzuwarten. ||

(kein Komma mitdiktieren)

121 Wörter

LERNTIPP

Nutze „Eselsbrücken" als Merkhilfen; du findest welche im Internet. Zum Beispiel: ‚gar nicht' wird gar nicht zusammengeschrieben. Oder: Wer ‚nämlich' mit h schreibt, ist dämlich. Aber keine Eselsbrücke funktioniert so gut wie die, die du dir selbst ausgedacht hast, sie kann gar nicht verrückt genug sein!

Das Datum von heute __________

92 Till Eulenspiegel
(Zeichensetzung)

Till Eulenspiegel |

Till Eulenspiegel war ein bekannter Schelm, | der seinen Mitmenschen gern Streiche spielte. |

Einmal kam er in eine Stadt | und hörte, dass die Leute | einen neuen Streich von ihm erwarteten. | Darum verkündete er: | „Achtung, kommt alle herbei! | Ich werde wie ein Vogel | vom Dach des Rathauses fliegen.“ |

Viele Menschen liefen auf dem Marktplatz zusammen, | schauten gespannt nach oben | und sprachen aufgeregt miteinander. | Dort oben stand Eulenspiegel | und bewegte heftig die Arme, | als ob er fliegen wollte. |

Nachdem er dies eine Zeit lang* getan hatte, | rief er hinunter: | „Ich dachte, ich sei ein Narr. | Aber diese Stadt ist voller Narren. | Ihr denkt, dass ich fliegen kann, | obwohl ich weder Flügel noch Federn habe. | Wie könnt ihr nur solchen Unsinn glauben?“ |

Dann verschwand er mit einem Lachen | und wurde nicht mehr gesehen. ||

(kein Satzzeichen mitdiktieren)

129 Wörter

* hier ist auch Zusammenschreibung möglich

Das Datum von heute __________

93 Meerschweinchen (Zeichensetzung)

Meerschweinchen |

Meerschweinchen stammen ursprünglich aus Südamerika. | Dort werden sie seit vielen hundert Jahren | von den Indianern als Haustiere gehalten. |
Nach der Entdeckung Amerikas | wurden sie von Seefahrern und Kaufleuten | übers Meer zu uns nach Europa gebracht. | Weil sie außerdem wie kleine Schweinchen quieken, | wurden sie bei uns Meerschweinchen genannt. | Heute gehören sie zu den beliebten Kleintieren, | die auch Kinder halten und pflegen können. | Häufig werden sie auch | von Forschern als Versuchstiere verwendet. | Meerschweinchen fressen gern Mais, | Hafer, Möhren, Gurken, | Tomaten, Salat und Löwenzahn. | Wenn sie frisches Grünzeug bekommen, | brauchen sie kein Wasser. ||

(keine Zeichen mitdiktieren)

5/6

91 Wörter

94 Hosenkauf (Zeichensetzung)

Hosenkauf |

Tobias ist in den letzten Wochen ziemlich gewachsen. | Keine Hose im Kleiderschrank passt mehr. | Seine Mutter hat frei und meint: | „Da müssen wir wohl | ein paar neue Kleider kaufen. | Ich weiß, | wo ein gutes Bekleidungsgeschäft ist.“ | Zu Fuß machen sie sich auf den Weg | in die Innenstadt. | Schon im Schaufenster entdeckt Tobias eine Jeans, | die ihm gut gefallen würde. | In der Kabine probiert Tobias | eine Hose nach der anderen an. | „Wie viele Stücke soll ich dir denn noch reichen? | Passt denn immer noch keine Hose?“, | fragt seine Mutter ungeduldig. | Tobias kann sich nicht gleich entscheiden. | Ausgerechnet die Jeans aus dem Schaufenster | ist nicht mehr in seiner Größe da. | „Diese Hose passt am besten“, | findet seine Mutter | und Tobias fragt, | ob er sie gleich anbehalten darf. | Zufrieden verlassen die beiden den Laden. | Zu Hause* meint Tobias: | „Herrje, wir haben meine alte Hose | im Geschäft vergessen!“ ||

(Satzzeichen nicht mitdiktieren)

145 Wörter

* hier ist auch Zusammenschreibung möglich: zuhause

5/6

Das Datum von heute __________

95 Was wäre, wenn …
(Zeichensetzung)

Was wäre, wenn … |

Was wäre, wenn du einmal | mit deiner Mutter die Rolle tauschen würdest? |

Stell dir das einmal vor! |

Morgens musst du deine Mutter wecken, | die natürlich immer noch im Bett liegt. |

„Nur noch fünf Minuten!“, | bettelt die Schlafmütze. |

Dann bereitest du das Frühstück, | streichst die Pausenbrote | und rufst noch schnell den Handwerker an. | Auf dem Weg zur Arbeit hältst du beim Supermarkt, | um Salat, Kartoffeln und andere Lebensmittel einzukaufen. | Inzwischen sitzt deine Mutter in der Schule, | flüstert mit ihrer Sitznachbarin | und brütet über der Englischarbeit. | Wenn sie dann mit schlechter Laune nach Hause kommt, | erwartet sie von dir ein leckeres Essen. | Weil sie keine Lust hat, ihren Hund auszuführen, | musst du das wieder einmal tun. | Nachmittags und abends hast du ein volles Programm: | aufräumen, putzen und zum Elternabend gehen. |

Na, wie fändest du das? ||

(Satzzeichen nicht mitdiktieren)

5/6

136 Wörter

96 Berge, die Feuer spucken
(Gemischtes Diktat)

Berge, die Feuer spucken |

Vulkane entstehen an den Stellen auf der Erde, | an denen die Platten der Erdkruste zusammenstoßen | oder diese besonders dünn ist. | Bricht ein solcher Feuerberg aus, | gelangt heißes Magma | durch den Schlot an die Oberfläche. | Gase, Asche, Staub und große Gesteinsbrocken | werden herausgeschleudert. | Tritt das zähflüssige Magma aus dem Krater, | wird es als Lava bezeichnet. | Sie fließt als glutroter und kochendheißer Strom | die Hänge hinab | und fördert Unmengen wichtiger Mineralien zu Tage*. | Darum entsteht schon kurze Zeit | nach einem Vulkanausbruch | wieder fruchtbarer Boden. | Ebenso findet man in Gebieten mit zahlreichen Vulkanen | besonders viele Bodenschätze, | die normalerweise tief in der Erde liegen. | Durch die Ausbrüche werden auf diese Weise | Kupfer, Uran, Schwefel oder sogar Gold | für den Menschen zugänglich. ||

121 Wörter

* hier ist auch Zusammenschreibung möglich

97 Das Dromedar
(Gemischtes Diktat)

Das Dromedar |

Ein Leben in der Wüste ist beschwerlich. | Nur wenige Tiere sind angepasst an das Klima, | das dort herrscht. | Eines dieser Tiere ist das Dromedar. |

Man hat festgestellt, | dass die Körpertemperatur des Dromedars | im Laufe eines Tages stark schwankt. | Der Körper des Tieres heizt sich zunächst auf, | ohne dass es schwitzt. | So spart das einhöckrige Kamel Wasser. | Dromedare können außerdem | längere Zeit ohne Nahrung auskommen. | Dies liegt daran, | dass sie in ihrem Höcker Fett speichern, | welches ihnen als Reserve dient. ||

81 Wörter

LERNTIPP

In der Rechtschreibung lernt man nie aus. Denke daran, dass du einen Schritt nach dem nächsten machst und im Laufe der Zeit immer sicherer und besser wirst. Es gibt niemanden, der nicht ab und zu Fehler beim Schreiben macht!

98 Entdeckungsreisen
(Gemischtes Diktat)

Entdeckungsreisen |

In Zeiten der großen Seefahrer und Entdecker | war es etwas Besonderes, | seine Heimat zu verlassen und auf Reisen zu gehen. | Oft waren die mutigen Männer jahrelang unterwegs | und nicht alle kehrten nach Hause zurück. | Auf den Segelschiffen fuhr immer | die Angst vor Piraten und orkanartigen Stürmen mit. | Oft wurde das Süßwasser faulig | und die Vorräte verdarben. | Dadurch waren Krankheiten vorprogrammiert | und die Matrosen waren froh, | nach langer Fahrt über die Weltmeere | wieder festen Boden unter den Füßen zu haben. | Oft brachten die Mannschaften wertvolle Gewürze oder Edelsteine | von ihren kräftezehrenden Abenteuern mit in die Heimat. | Auf diese Weise entstanden nützliche Handelsbeziehungen, | die immer weiter ausgebaut werden konnten. | Neue Kontinente und Länder | wurden im Auftrag von Königs- und Fürstenhäusern entdeckt. | Manche Seefahrer kamen dadurch zu | Reichtum und erlangten Ruhm und Ansehen. ||

131 Wörter

5/6

Das Datum von heute ___________

99 Die Hauskatze (Gemischtes Diktat)

Die Hauskatze |

Ursprünglich stammt unsere Hauskatze aus dem warmen Ägypten. | Vielleicht kommt es daher, | dass sich Katzen mit Vorliebe | an warmen Orten nahe der Heizung | oder auf einer sonnigen Fensterbank aufhalten. | Wenn sich die Katze wohlfühlt, | schnurrt sie. | Katzen sind Einzelgänger, | die sich zwar an den Menschen gewöhnen, | aber keine feste Bindung zu ihm eingehen. | Katzen verständigen sich untereinander | nicht nur mithilfe* ihrer Stimme, | sondern auch durch ihre Körperhaltung und mit Duftmarken. | Das schärfste Sinnesorgan der Katze ist das Auge. | Bei Dämmerung sieht sie viel besser als ein Mensch, | im Dunkeln orientiert sie sich mit ihrem Gehör. | Mit ihren Schnurrhaaren kann die Katze Hindernisse abtasten und erkennen. ||

5/6

107 Wörter

* hier ist auch Getrenntschreibung möglich: mit Hilfe

Das Datum von heute __________

100 Kinderlied (Gemischtes Diktat)

Kinderlied |

Zwischen Berg und tiefem Tal |
saßen einst zwei Hasen, |
fraßen ab das grüne Gras |
bis auf den Rasen. |

Und als sie satt gefressen waren, |
setzten sie sich nieder. |
Bis dass der Jäger kam |
und schoss sie nieder. |

Als sie sich nun aufgerappelt hatten |
und sich besannen, |
dass sie noch am Leben waren, |
liefen sie von dannen. ||

57 Wörter

LERNTIPP
Wenn du ein Diktat fehlerfrei geschrieben hast (einerlei, wie viele Durchgänge du gebraucht hast), darfst du dich dafür belohnen.

5/6

Das Datum von heute __________

101 Urlaub in Italien (Groß- und Kleinschreibung: Zeitangaben)

Urlaub in Italien |

Als wir gestern Morgen hier ankamen, | fühlte ich mich ziemlich erschöpft. |
Wir waren vorgestern Abend, | an einem Freitag, abgefahren. | Ich hatte nachts im Bus wenig geschlafen, | sodass ich am Morgen noch müde war. | Nachdem ich heute Mittag | ein bisschen geschlafen habe, | sieht die Welt an diesem schönen Abend | schon wieder etwas freundlicher aus. | Ich habe mir für die Ferien vorgenommen, | auf jeden Fall morgens nach dem Aufstehen zu joggen. |
Aus Bielefeld ist heute Morgen | eine Reisegruppe eingetroffen. | Ich hoffe, | dass ich morgen Nachmittag | auf der Fahrt nach Monte Carlo | ein paar nette Leute kennenlerne. | Das Frühstück ist ja hier etwas eintönig | und bescheiden. | Es gibt frühmorgens | nur zwei kleine Brötchen, | etwas Butter und Marmelade. | Vielleicht gibt es sonntags ein Brötchen mehr? |
Aber mittags ist das Essen dafür super! |
So gab es gestern Nachmittag Fisch | und heute Mittag Hähnchen. ||

7/8

137 Wörter

Das Datum von heute __________

102 Kunststoffe
(Groß- und Kleinschreibung: Nomen)

Kunststoffe |

Kunststoffe sind sehr leicht und bruchsicher. | Bei gleichem Volumen wiegen sie deutlich weniger | als Eisen, Glas oder Holz. | Die Produktion von Gegenständen aus Kunststoff ist preiswert. | Kunststoffe kommen bei der Ummantelung von Leitungen zum Einsatz, | da sie gegen Wärme und Elektrizität isolieren. | Als Dämmmaterial verringern sie die Abgabe oder Aufnahme von Wärme. | Sie sind außerdem äußerst beständig gegenüber Wasser und Luft. | Sie werden deshalb zum Beispiel als Schutzhaut von Eisenzäunen eingesetzt, | um das Rosten zu verhindern. | Kunststoffe lassen sich leicht verformen und einfärben. | Durch Mischen mit anderen Materialien | kann die Festigkeit oder Biegsamkeit von Kunststoffen erhöht werden. |

Aufgrund dieser und anderer Eigenschaften haben Kunststoffe | herkömmliche Werkstoffe wie Holz, Stein oder Metalle | in vielen Bereichen ersetzt. ||

116 Wörter

7/8

Das Datum von heute __________

103 Komische Aufforderungen
(Groß- und Kleinschreibung: Verben)

Komische Aufforderungen |

Vor dem Duschen sind Mantel und Schuhe nach Möglichkeit abzulegen. |

Wer vom Einmeterbrett springt, | sollte das laute Singen von Liedern ein wenig einschränken. |

Auch außerhalb des Deutschunterrichts | ist das Lesen spannender Bücher ausdrücklich erlaubt. |

Das Angeln nach guten Noten sollte dem Musiklehrer überlassen werden. |

Durch Rufen und Schreien ist dem Deutschunterricht | eine gewisse Lebendigkeit zu vermitteln. |

Das tägliche Betreten des Klassenzimmers | ist nur in Begleitung einer Leibwache erlaubt. |

Für das Mogeln bei der Klassenarbeit sind vorher genaue Absprachen | mit dem Lehrer zu treffen. |

Jeder hat selbst darauf zu achten, | dass er nicht durch Schnarchen seine Mitschüler weckt. ||

97 Wörter

Das Datum von heute ___________

104 Ein armer Geizhals (Groß- und Kleinschreibung: Nomen/Verben)

Ein armer Geizhals |

Ein Mann jagte sein Leben lang nur hinter dem Geld her. | Mit Fleiß und Ausdauer wollte er der reichste Mensch auf Erden werden. | Er arbeitete Tag und Nacht. | Er arbeitete hart und schwer. |

Er gönnte sich keine freie Sekunde | und sparte sich jeden Bissen vom Mund ab. | Schließlich kostete das Essen Geld | und außerdem nahm diese nutzlose Tätigkeit | auch noch Zeit in Anspruch. |

Zeit nahm er sich überhaupt nur zum Zählen seiner Einnahmen, | andere Hobbys hatte er keine. | Zum Geldausgeben kam er nie. |

Nun hockt er alt, bucklig und mit weißen Haaren | auf dem Ersparten von fünfzig Jahren. | Und fragt sich traurig und müde: | Wenn ich nun sterbe, | wer ist denn dann mein Erbe? ||

116 Wörter

7/8

Das Datum von heute ___________

105 Unterschiedliche Sturmwinde
(Groß- und Kleinschreibung: Adjektive)

Unterschiedliche Sturmwinde |

Der Föhn ist ein warmer Fallwind, | der an der Nordseite der Alpen | mit großer Heftigkeit ins Tal weht. | An Schneehängen löst er manchmal gefährliche Schneelawinen aus. |

Der Schirokko ist ein lauer Südwind im Mittelmeergebiet, | der nicht geringe Feuchtigkeit mit sich führt. | Der steil aus dem Meer aufsteigenden Küste Kroatiens | beschert er erhebliche Regenmengen. |

Der Mistral ist ein stürmischer und kalter Wind, | der von den Höhen des französischen Mittelgebirges | zur Rhone hin talabwärts weht. | Die Obstbauern fürchten ihn in dem warmen Tal, | weil er dort in den ausgedehnten Plantagen | enormen Schaden anrichten kann. ||

92 Wörter

Das Datum von heute __________

106 Groß oder klein?
(Groß- und Kleinschreibung: Adjektive)

Groß- oder klein |

Seine Erlebnisse im Urlaub schilderte er in Grau. |

Zu einer blauen Jeanshose trug sie einen grauen Pullover. |

Er hatte etwas Unglaubliches erlebt.

Als sie ins Erzählen kam, | gab sie unglaubliche Geschichten zum Besten. |

Am Sonntag wurde das für die meisten Zuschauer | wichtige Spiel im Fernsehen übertragen. |

Das war für ihn bei weitem* das Wichtigste. |

Dem aufrichtig Bittenden wurde sein Wunsch erfüllt. |

Sie konnte seinem bittenden Blick nicht widerstehen. |

Ich wünsche dir alles Gute zum Geburtstag. |

Ihr Freund schrieb ihr einen Brief mit allen guten Wünschen. |

Er war bei ihm aufs Schlimmste gefasst. |

Heute erhielt sie von ihren Freunden die schlimmsten Nachrichten. ||

101 Wörter

* hier ist auch Großschreibung möglich: bei Weitem

7/8

Das Datum von heute __________

107 Mädchenträume (Groß- und Kleinschreibung: Adjektive/Verben)

Mädchenträume |

Viele Mädchen träumen davon, Jockey zu werden. | Doch nur die Wenigsten schaffen es, | dem Traum zum Greifen nahe zu kommen. | Hartes, jahrelanges Training und eiserne Disziplin | werden von ihnen erwartet. | Schaffen sie es nicht, | ist der Traum von schnellen Rennen | und überragenden Siegen bald ausgeträumt. | Galoppreiterinnen müssen recht klein und leicht sein. | Ebenso brauchen sie eine gute Kondition, | starke Nerven und eine Familie, | die hinter ihnen steht und sie aufs Beste unterstützt. | Für alles Übrige sind ein guter Trainer | und ein schnelles Pferd vonnöten. | Nur jede Vierte schafft es, | tatsächlich einmal ganz oben auf dem Siegerpodest zu stehen. | Dieser Erfolg wurde dann schwer erkämpft | und ist der Lohn für harte Arbeit. ||

112 Wörter

LERNTIPP

So arbeitest du mit einem Karteikasten: Schreibe jedes Wort, das dir Schwierigkeiten bereitet, auf eine Karteikarte. Nimm zum Üben ein paar Karten heraus. Schau jeweils das Wort an und schreibe es dann ohne Hinzusehen auf. Ist es richtig, kommt die Karte in das nächste Fach. Hast du falsch geschrieben, bleibt die Karte im ersten Fach.

108 Flitterwochen bei E.T.?
(Groß- und Kleinschreibung)

Flitterwochen bei E.T.? |

Nach der Mondlandung 1969 und anderen Apollo-Missionen | waren die Vereinigten Staaten die Vorreiter der Raumfahrt. | Doch inzwischen haben andere Nationen aufgeholt | und ihre Entwicklungen auf dem Gebiet der Weltraumforschung vorangetrieben. | So beteiligen sich derzeit gleich mehrere Länder | am Aufbau einer Raumstation im All. | Erst vor kurzem war der Deutsche Thomas Reiter | für ein halbes Jahr zu Gast auf der ISS. | Dort erledigte er Reparaturarbeiten | wie das Ausbessern eines Sonnensegels | oder das Installieren einer Teleskopstange. | Doch in erster Linie sind die Astronauten Forscher im Universum. | Sie züchten beispielsweise Getreidepflanzen | und testen die Auswirkungen der Schwerkraft auf deren Wachstum. |

Mittlerweile ist die Raumstation so gut ausgebaut, | dass zahlungskräftige Touristen einen Kurzurlaub im Weltall buchen können. | Schon mehrmals wurden von der NASA | Gäste an Bord einer Raumfähre zur schwebenden Station befördert. | Wer einen solchen Trip unternehmen möchte, | muss sich vorab einem Gesundheitscheck unterziehen | sowie ein Sicherheits- und Konditionstraining absolvieren. | Nur wer fit ist, | darf auch fliegen und die Erde von oben betrachten. ||

162 Wörter

Das Datum von heute __________

109 Junge rettet Mutter
(Lang gesprochene Vokale)

Junge rettet Mutter |

Ein dreijähriger Junge hat in Los Angeles seine Mutter | durch einen Notruf vor dem Ersticken gerettet. | Als seine Mutter Peggy Rodgers (32) zu würgen begann, | nachdem sie ein Hustenbonbon verschluckt hatte, | griff der kleine Jameson zum Telefon | und wählte die Notrufnummer „911". |

„Meine Mutter atmet nicht", | erklärte Jameson der Aufnahme. | Zwar wusste der Junge die Adresse des Hauses nicht, | aber die automatische Überprüfung der Telefonleitung | führte die Feuerwehr zu einem Wohnhaus in der Vorstadt. | Dort stand Jameson schon bereit, | um die Helfer zu seiner Mutter zu bringen, | die ohne Hilfe wenig später das Bewusstsein verloren hätte. | Die Nummer „911" hatten die Eltern dem Kind | während der zweiten Schwangerschaft von Peggy eingeprägt, | damit bei Beginn der Geburt Hilfe geholt werden konnte. ||

7/8

118 Wörter

Das Datum von heute ___________

110 Ernte bedroht
(Lang gesprochene Vokale)

Ernte bedroht |

Heuschreckenschwärme werden wahrscheinlich | auch in den nächsten fünf bis zehn Jahren | die Ernten in Ostafrika gefährden. | Nur eine längere Zeit ohne Regen könnte dies verhindern. | Eine Trockenperiode während der Brutzeit könne bewirken, | dass die Zahl der Heuschrecken abnehme, | betonte ein Experte zur Bekämpfung der Wüstenheuschrecken. | Seine Organisation könne zwar die Heuschreckenplage nicht aufhalten; | durch einen überlegten Einsatz von Pflanzenschutzmitteln | habe man aber schon große Teile der Ernten retten können. |

Nach den diesjährigen erheblichen Regenfällen in der Dürrezone | hätten sich die Schwärme auf verschiedene Länder, | sogar bis zum Sudan und bis nach Äthiopien ausbreiten können. | Nach Annahme der UNO-Organisation für Ernährung und Landwirtschaft | sind mehr als zehn Millionen Hektar Land | durch die Plage geschädigt. ||

113 Wörter

111 Leckere Brötchen
(Lang gesprochene Vokale)

Leckere Brötchen |

Gib 150 Gramm Quark, | 70 Gramm Zucker, | eine Prise Salz, | 6 Esslöffel Öl | und 4 Esslöffel Milch in eine Rührschüssel | und verrühre alles gut. | Nun mischst du in einem zweiten Behälter | 300 Gramm Mehl mit einem Päckchen Backpulver. | Zusammen mit Rosinen | – die Menge nach Belieben – | kommt das Mehl in die Quarkmasse. | Wenn du magst, | kannst du auch gemahlene Mandeln zufügen. | Verknete alles zu einem glatten Teig. |

Heize den Backofen auf 190 Grad vor | und bestreiche das Backblech mit Margarine. | Forme ungefähr zehn kleine Brötchen | und lege sie auf das Blech. | Schiebe es in den heißen Ofen. | Nach fünfzehn Minuten sind die Brötchen fertig. | Du kannst sie so essen | oder mit Marmelade bestreichen. | Guten Appetit! ||

116 Wörter

Das Datum von heute __________

112 Die mutige Amsel
(Lang gesprochene Vokale)

Die mutige Amsel

An einem friedlichen Morgen | zwitscherte eine Amsel ein liebliches Lied. | Sie wollte den Augenblick genießen | und geriet in Aufregung, | als Lärm ihren Gesang unterbrach. | Sie beobachtete, | wie zwei Jungen laut johlend | mit Kirschkernen auf einen Bienenstock zielten. | Die Amsel erkannte die Gefahr | und rief, so laut sie konnte, | um die Kinder zu warnen. | Denn hier kämen bald | keine niedlichen Honigbienen angeflogen, | sondern wütende Tiere, | die ihren Bau und ihre Vorräte verteidigen wollten. | Aber die Kinder hörten sie nicht. |
Da flog die Amselfrau mutig immer wieder | dicht an die Jungen heran | und verhielt sich sehr auffällig. | Es gelang ihr, | die beiden von ihrem Tun abzulenken, | bevor sie die Bienen in Aufruhr versetzt hatten. | Zufrieden ließ sich die Amsel auf ihrem Baum nieder | und bald ertönte eine neue, süße Melodie. ||

131 Wörter

LERNTIPP
Grammatik hilft bei der richtigen Schreibung. Wenn du zum Beispiel ein Nomen erkennst, weißt du auch, dass es groß geschrieben wird. Besorge dir eine Lernhilfe zur deutschen Grammatik.

113 Was ist nur im Tierpark los?
(Lang gesprochene Vokale)

Was ist nur im Tierpark los? |

Der Zoodirektor ist verzweifelt. | Die Tiere liegen müde in ihren Käfigen und gähnen. | Der Biber und das Krokodil klagen über Zahnschmerzen. | Die Hasen und Kaninchen wollen kein Gras mehr fressen. | Der Tiger hat die Gardinen zugezogen | und möchte ungestört sein. | Man hört nur sein leises Stöhnen. | Er hat Ohrenschmerzen und leidet unter Übelkeit. | Das Personal ist hilflos. | Ein Virus scheint ausgebrochen zu sein. | Aber welche Medizin kann den Tieren helfen? | Vitaminreiche Kiwifrüchte, ruhige Musik | oder Abreibungen mit Meersalz? | Da hat ein Wärter eine Idee. | Er holt eine Spaßmaschine, | die mit Gesang in angenehmer Tonlage | das Wohlbefinden wiederherstellen soll. | Ob das wohl funktioniert? ||

7/8

109 Wörter

Das Datum von heute __________

114 Kritik an Spielzeugprodukten
(Wörter mit k/ck, z/tz)

Kritik an Spielzeugprodukten |

In Malfarben und Knetmasse ist nach Angaben von Kinderärzten | mehr giftiges Cadmium erlaubt als im Klärschlamm. | Der Vorsitzende des Ausschusses | „Kind und Umwelt" | im Berufsverband der Kinderärzte | nannte dies gestern einen Skandal. |

In Hannover forderte der Arzt | für Spielzeug, Scherz- und Bastelartikel | strengere Auflagen für die Herstellung | und eine genaue Kennzeichnungspflicht beim Verkauf. | Als besonders heikel nannte er Spielzeug aus Weichplastik, | das sich nach dem Verzehr | im Magen plötzlich verhärte. | Auch Produkte zum Schreiben, | vor allem Filzstifte mit Lösungsmitteln, | würden immer wieder zu akuten Erkrankungen | von Haut und Atemwegen führen. ||

93 Wörter

115 Mit Mamas 500er durch die Botanik (Wörter mit k/ck, z/tz)

Mit Mamas 500er durch die Botanik |

Bielefeld. | Da hatte Alexander sich gewaltig überschätzt: | Der 14-Jährige klaute Mamas Mercedes | und begab sich auf eine nächtliche Spritztour. | Das Ende war vorprogrammiert: | Auf dem Bielefelder Ostwestfalendamm | kalkulierte der Ausreißer die Fliehkräfte | in der Südring-Abfahrt nicht ein, | rasierte mehrere Warnbaken ab | und „pflügte durch die Botanik“. | Unverletzt, aber reichlich verdattert | entstieg er der demolierten Luxuskarosse | und setzte seinen Weg zu Fuß und per Anhalter fort. | Dann meldete sich aber doch plötzlich das schlechte Gewissen: | Alexander ließ sich bei der Polizeistation Halle absetzen | und beichtete dort seine Missetaten. ||

92 Wörter

Das Datum von heute ___________

116 Keine Verletzung nach Fünf-Meter-Sturz (Wörter mit k/ck, z/tz)

Keine Verletzung nach Fünf-Meter-Sturz |

Einen Sturz aus dem zweiten Stock der elterlichen Wohnung | hat ein zweijähriger Junge unverletzt überlebt. | Nach Angaben der Feuerwehr landete das Kind | nach fünf Meter tiefem Fall auf einem Busch | im Vorgarten des Mehrfamilienhauses. | Dabei zog es sich lediglich | einen kleinen Kratzer im Gesicht zu. | Der Junge hatte auf der Fensterbrüstung gespielt | und war dabei plötzlich hinuntergefallen. | Die Mutter hatte offenbar versäumt, | die Fenster nach dem Putzen ganz zu verschließen. |

Der Junge hatte unglaubliches Glück. ||

79 Wörter

Das Datum von heute ___________

117 Produkte für den Weihnachtsmarkt
(Wörter mit k und ck)

Produkte für den Weihnachtsmarkt |

Die Klasse 8a denkt über interessante Produkte | für den Weihnachtsmarkt nach, | die sie im Technik- oder Hauswirtschaftsunterricht | in einer großen Stückzahl herstellen kann. | Die Schüler haben sechs Wochen Zeit für die Planung | und die Produktion der Werkstücke. | Es ist nicht leicht, etwas zu entwickeln, | was den Geschmack vieler Leute trifft. | Die Schüler entscheiden sich nach langer Diskussion dafür, | Lebkuchen zu backen und diese mit Zuckerguss zu dekorieren, | Nikolausstiefel zu nähen und kleine Spielzeugraketen zu basteln. | Schnell merken die Schüler, | dass sie augenblicklich beginnen müssen, | um rechtzeitig fertig zu werden. | Immer wieder entdecken sie neue Schwierigkeiten: | Die Nähmaschinen funktionieren nicht richtig, | an der Werkbank gibt es Gedrängel | und das Gebäck sollte ganz frisch sein. | Außerdem fehlen noch die Plakate, | die auf die Geschenkideen aufmerksam machen sollen. | Doch mit viel Geduld und Geschick gelingt alles | und die Klasse ist glücklich und dankbar, | dass die Leute so viel kaufen. ||

150 Wörter

LERNTIPP

Richtig schreiben lernt man durch Schreiben. Nutze jede Gelegenheit, kleine Alltagstexte zu schreiben, ob eine Einkaufsliste oder eine E-Mail, ob eine Nachricht für deine Freundin oder einen Brief. Allerdings musst du dir schon die Mühe machen, den Text mit dem Wörterbuch zu kontrollieren.

Das Datum von heute ___________

118 Tierklasse mit Biss
(Wörter mit k und ck)

Tierklasse mit Biss |

Von März bis Oktober sind im Wald, | auf Wiesen und in Parkanlagen | die Zecken zu finden. | Diese Tiere gehören nicht wie oft behauptet zu den Insekten, | denn sie besitzen acht Beine und zählen daher zu den Spinnentieren. | Zecken verstecken sich zwischen Gräsern, | Wiesenkräutern, im Unterholz oder in Hecken. | Streift ein Tier oder ein Mensch an ihnen vorbei, | wechseln sie zu ihm hinüber | und suchen sich unbemerkt einen weichen und warmen Platz. | Vor allem nackte Körperstellen sind für Zecken verlockend. | Häufig saugen sie sich in den Kniekehlen, | am Nacken oder in den Achselhöhlen fest. | Sie besitzen starke Mundwerkzeuge | mit kleinen Widerhaken, | die sie wie einen Stechrüssel in die Haut des Wirtes bohren. | Leider können sie dabei Bakterien oder Viren übertragen. | Der bekannteste Krankheitsüberträger unter ihnen | ist der Gemeine Holzbock. | Zum Schutz vor Infektionen | sollte man nach einem Aufenthalt im Freien | den Körper sorgfältig nach Zecken absuchen. ||

148 Wörter

Das Datum von heute ___________

119 Kleine Schwestern
(Wörter mit z und tz)

Kleine Schwestern |

Kleine Schwestern sind entsetzlich. | Zuerst schreien und schlafen sie nur, | trotzdem sind die Eltern schrecklich stolz auf ihren Schatz. | Wenn sie älter werden, | wird es noch schlimmer. | Dauernd haben sie eine Rotznase. | Beim Essen tragen sie zwar einen Latz, | kleckern aber trotzdem alles voll. | Aber natürlich dürfen sie das. | Nicht einmal wenn sie das gesamte Salz verschütten | oder Kratzer in den Tisch machen, | gibt es Ärger. | Das sollte mir einmal passieren! |

Oft bekommen kleine Schwestern etwas geschenkt, | denn sie sind ja so herzig. | Leider sind sie meist geizig | und geben nichts davon ab. | Können sie erst einmal sprechen, | reizen sie ihre älteren Geschwister und ärgern sie, | bis sie schwarz werden. | Wenn man aber selbst einen frechen Witz macht, | laufen sie zu Mama und Papa und petzen. | Überhaupt sind sie ein echter Klotz am Bein, | denn ständig soll man sie irgendwohin mitnehmen. | Und wenn sie trödeln, | darf man sie nicht hetzen, | denn ihre Beine sind schließlich so kurz. | Aber zum Glück sind sie schrecklich kitzelig, | mit Kitzeln kann man bei kleinen Schwestern viel erreichen. ||

175 Wörter

Das Datum von heute __________

120 Massenzusammenstoß
(Wörter mit s-Lauten)

Massenzusammenstoß |

Im Zusammenhang mit der Rückreisewelle | kam es auf der gesamten Autobahn Salzburg – München | zu ausgedehnten Verkehrsstaus. | Kurz vor München passierte ein Massenzusammenstoß, | bei dem es glücklicherweise nur zu Sachschäden kam. | Insgesamt waren dreiundvierzig Fahrzeuge beteiligt, | darunter auch etliche Lastwagen. | Meist waren Stoßstangen, Motorhauben und Kotflügel ineinander-geschoben. | Einige Fahrzeuge waren nur ein bisschen verkratzt, | andere mussten abgeschleppt werden. | Von der offenen Ladefläche eines Transportwagens | rutschten zehn große Kisten mit Fernsehgeräten auf die Straße. | Bis die Rettungskräfte die Unfallstelle erreichen konnten, | mussten sie viele Schaulustige, | die aus ihren Autos ausgestiegen waren, | resolut vertreiben. | Es geschieht leider immer wieder, | dass Hilfseinsätze auf diese Weise behindert werden. | Erst nach drei Stunden floss der Verkehr ungehindert weiter. ||

112 Wörter

121 Die Geschichte vom fliegenden Robert (Wörter mit s-Lauten)

Die Geschichte vom fliegenden Robert |

Wenn der Regen niederbraust, |
wenn der Sturm das Feld durchsaust, |
bleiben Mädchen oder Buben |
hübsch daheim in ihren Stuben. |
Robert aber dachte: Nein! |
Das muss draußen herrlich sein! |
Und im Felde patschte er |
mit dem Regenschirm umher. |

Hui, wie pfeift der Sturm und keucht, |
dass der Baum sich niederbeugt. |
Seht! Den Schirm erfasst der Wind |
und der Robert fliegt geschwind |
durch die Luft so hoch, so weit. |
Niemand hört ihn, wenn er schreit. |
An die Wolken stößt er schon |
und der Hut fliegt auch davon. |

Diese Geschichte stammt aus dem Buch „Struwwelpeter". | Der Frankfurter Arzt Heinrich Hoffmann | suchte 1844 ein Weihnachtsgeschenk für seinen Sohn. | Da er nichts fand, | was ihm passend erschien, | beschloss er, selbst etwas zu schreiben. | Er beschrieb, was mit Kindern passiert, | die nicht auf ihre Eltern hören. | Meist wurden sie ziemlich grausam bestraft. | Heute würden es viele Eltern eher begrüßen, | wenn sich ihr Sohn | von schlechtem Wetter nicht abhalten ließe, | nach draußen zu gehen. ||

157 Wörter

Das Datum von heute __________

122 Die Gans
(Wörter mit s-Lauten)

Die Gans |

Die Federn einer Gans waren weiß wie frischer Schnee. | Stolz auf dieses glänzende Geschenk der Natur, | glaubte sie eher zu einem Schwan | als zu dem, was sie war, | geboren zu sein. | Sie sonderte sich von ihresgleichen ab | und schwamm ganz allein auf dem Teich herum. | Sie dehnte ihren kurzen Hals. | Mehrmals versuchte sie, ihm die prächtige Biegung zu geben, | die dem Schwan das schöne Aussehen gibt. | Doch vergebens; | er war zu steif, | und mit aller Mühe brachte sie es zu nichts weiter, | als dass sie eine lächerliche Gans wurde, | ohne jemals ein Schwan zu werden. ||

nach Lessing

97 Wörter

7/8

123 Coole Sprüche (Wörter mit s-Lauten)

Coole Sprüche |

Ein Kreis muss rund sein, auch an den Ecken! |

Wissen ist Macht, nichts wissen macht auch nichts! |

Es genügt nicht, keine Gedanken zu haben, | man muss auch die Fähigkeit haben, sie auszudrücken. |

Ich weiß wohl eine Lösung, aber die passt nicht zu meinem Problem! |

Woher soll ich wissen, was ich denke, | ohne gehört zu haben, was ich sage. |

Bescheidenheit ist die Kunst, | andere herausfinden zu lassen, wie wichtig man ist. |

Wenn man eine Katze so dressiert hat, | dass sie über einen Fluss fliegen kann, | dann gibt es ganz bestimmt Neidhammel, | die behaupten, das Tier sei ja nur wasserscheu! ||

98 Wörter

Das Datum von heute __________

124 Gewissensbisse (Wörter mit s-Lauten)

Gewissensbisse |

Als ich vorhin in der Straßenbahn saß, | habe ich gesehen, dass ein Mitschüler | mit seinem Messer ein Sitzkissen aufgeschlitzt hat. | Ich habe die Zähne zusammengebissen, | auf meine Füße gestarrt und getan, | als sei nichts passiert. | Ist es manchmal nicht besser, | nichts zu wissen? | Denn sonst wirst du fertiggemacht. | Schließlich ist mit Leuten, | die so etwas machen, | nicht zu spaßen. | Ich hasse sie. | Sie denken, sie seien die Größten, | schließen dich auf dem Klo ein, | machen deine Bücher nass | oder passen dich nach der Schule ab | und stoßen dich herum. | Vergiss es, gegen die hast du keine Chance. |

Jetzt habe ich ein schlechtes Gewissen, | dass ich nichts gesagt habe. | Aber schließlich hatte ich auch keinen Beweis. | Nachher heißt es noch, dass ich das gewesen bin. | Was soll ich bloß machen, wisst ihr das? ||

135 Wörter

LERNTIPP

So trainierst du deinen individuellen Wortschatz: Schreibe einen Oberbegriff zu einem bestimmten Thema mitten auf einen Zettel, z. B. Mittelalter, Vulkane, Sport, Italien, Weihnachten, Theater usw. Drum herum schreibst du alle Wörter auf, die dir spontan dazu einfallen. Suche Verben, Nomen und Adjektive. Anschließend überprüfst du die gefundenen Begriffe mit dem Wörterbuch.

125 Verkehrschaos vor Sylt
(Wörter mit s-Lauten)

Verkehrschaos vor Sylt |

In der nordfriesischen See | konnte ein größeres Unglück verhindert werden. | Ursache war ein von der Meeresstation | vermisster schneeweißer Seehund. | Das gefräßige Tier musste mit seinen spitzen Zähnen | ein Loch in den Drahtzaun der Auffangstation gebissen haben | und dann über den Strand ins offene Meer entwischt sein. | Die Insassen eines Rettungshubschraubers | entdeckten den Ausreißer weit draußen in der Nordsee. | Sofort waren mehrere Schiffe, | darunter auch Gummi- und Ausflugsboote mit Schaulustigen, | zum Ort des Geschehens unterwegs. | Doch die einsetzende Ebbe machte die Vergnügungsfahrt | zu einem riskanten Unternehmen. | Das sich zurückziehende Wasser erzeugte Strömungen, | mit denen insbesondere | die kleineren Schlauchboote nicht gerechnet hatten. | Verstärkt wurde dies durch zunehmende Sturmböen. | Viele Boote trieben wie Nussschalen | auf der aufgepeitschten See. | Ein Großvater wurde mit seinem Enkel | von einer Böe erfasst und ins Meer gerissen. | Die Küstenwache fischte die beiden tropfnass aus dem Wasser. | Alle Boote konnten ebenfalls in Sicherheit gebracht werden. | Der Seehund war inzwischen entwischt. | Erst Tage später gelang es schließlich, | das verstörte Tier einzufangen. ||

164 Wörter

126 Schwimmverbot
(Leicht verwechselbare Konsonanten)

Schwimmverbot |

Rund eine Stunde lang | trieb eine gehbehinderte 51-Jährige aus Marl | im kalten Wasser der Lippe, | bevor sie gerettet werden konnte. | Die Frau war Samstag an einer Böschung abgerutscht. | Auf dem Rücken trieb sie dann etwa fünf Kilometer weit. | Dem Notarzt erklärte sie | nach ihrem unfreiwilligen Bad in der Flut, | sie habe sich treiben lassen, | weil sie geglaubt habe, Schwimmen sei schädlich. | Der Arzt hatte ihr nämlich ein Schwimmverbot erteilt. ||

70 Wörter

127 Der Zwerghahn
(Leicht verwechselbare Konsonanten)

Der Zwerghahn |

Gericht: Zwerghahn „Willi“ darf wieder krähen. |

Jahrelang musste er den Schnabel halten, | doch in Zukunft darf er sogar | mit richterlicher Erlaubnis unbeschwert krähen: | Für den schwarzen Zwerghahn „Willi V“ | ist die Welt wieder in Ordnung, | seitdem sein Züchter einen seit 1984 andauernden Rechtsstreit | mit einem Nachbarn in dritter Instanz gewonnen hat. | Das Oberlandesgericht verfügte in einem Urteil, | der Hahn dürfe täglich von 6 bis 22 Uhr krähen, | allerdings nicht lauter als 50 Dezibel, | gemessen 50 Zentimeter vor dem Fenster des Nachbarn. | „Willi“ und sein Besitzer sind sehr zufrieden. | Einziger Wermutstropfen: | Der „Willi“ von 1984, um den es bei dem Streit eigentlich ging, | ist längst in der Pfanne gelandet. | „Willi V“ ist sein Ururenkel. ||

113 Wörter

128 Die Geige
(Leicht verwechselbare Konsonanten)

Die Geige |

Versehen oder Vergehen: | Geige als Fahrpreis |

Musikalisch, ungeduldig, | unverschämt, oder verbrecherisch? | Diese Frage muss jetzt die Polizei in München | auf der Suche nach einem Taxifahrer klären, | der anstatt des Fahrgeldes | eine 50 000 Euro teure Geige „kassierte“. | Der Chauffeur war von einem Konzertmeister gebeten worden, | vor einem Kaufhaus anzuhalten, | weil er kurzfristig aussteigen | und etwas einkaufen wollte. | Seine 300 Jahre alte Geige ließ er vorsichtshalber | im Fahrzeug liegen. | Als der Musiker wieder zurückkam, | war das Taxi verschwunden | und mit ihm war auch die kostbare Violine fort. ||

85 Wörter

129 Verspäteter Start
(Leicht verwechselbare Konsonanten)

Verspäteter Start |

Erfreut blickt Herr Kindlein von der Klassenliste auf. | Tatsächlich sind alle Schüler gesund, | munter und pünktlich an der Bushaltestelle eingetroffen. | Tagelang hatte er eindringlich gepredigt: | „Seid unbedingt rechtzeitig um acht Uhr da, | sonst fährt der Bus ohne euch ab.“ | Nun schaut er erneut auf seine Armbanduhr. | „Hoffentlich kommt der Bus bald. | Wir wollen eigentlich nicht endlos warten.“ | Da eine exakte Planung für einen geglückten Aufenthalt entscheidend ist, | packt Herr Kindlein noch einmal seine Checkliste für die Klassenfahrt aus | und trägt sie der Klasse vor: | „Hört bitte aufmerksam zu. | Habt ihr auch alles eingesteckt? | Hat jeder seine Krankenkassenkarte, | seinen Impfpass und einen Sonnenhut dabei?“ | Dann zögert er einen Augenblick. | Er zuckt entsetzt zusammen, | wird bleich und wühlt geschäftig in seiner Anoraktasche. | „Ich kann die Bestätigung für die Jugendherberge nirgends finden! | Wenn der Bus kommt, | sagt dem Fahrer Bescheid, | dass euer Lehrer sofort zurückkommt.“ | Hastig springt er in sein Auto | und rast um die Ecke. | Als er endlich wieder zurückkehrt, | sitzen alle Schüler bereits lachend im Bus. ||

175 Wörter

Das Datum von heute ___________

130 In unserer Straße
(Leicht verwechselbare Konsonanten)

In unserer Straße |

In der Villa in unserer Straße | lebt ein wahrlich komischer älterer Herr. | Niemand weiß genau, | was der wundersame Kauz privat in seinem Haus so treibt. | Nur der Postbote hat eine vage Vorstellung davon | und berichtet den benachbarten Anwohnern hin und wieder, | was er bei ihm gesehen und gehört hat. | So erzählte er eines Tages, | dass der Mann ein ausgesprochener Reptilienfreund sei | und sich stundenlang vor seinen Glasvitrinen | mit Vipern, Waranen und Echsen aufhalten könne. | Ebenso sammle er chinesische Vasen | sowie Kunstwerke berühmter Maler. | Vorletztes Wochenende habe der Mann wohl seine Verwandten | zu einem Kostümfest auf die Veranda eingeladen. | Er selbst sei als Vampir verkleidet gewesen. | Anschließend hätte ein Nachwuchspianist ein Klavierkonzert gegeben | und der Herr als guter Gastgeber die Zuhörer | mit Wein und belegten Brötchen bewirtet. ||

129 Wörter

LERNTIPP

Laufdiktat: Wenn du einen Text aus diesem Buch üben willst, legst du das Buch aufgeschlagen z. B. auf die Fensterbank in deinem Zimmer. Du läufst dorthin, liest den Text, merkst dir einen Abschnitt und gehst zurück an deinen Schreibtisch. Dort schreibst du den Text auf. So arbeitest du das ganze Diktat durch.

Das Datum von heute __________

131 Pech
(Leicht verwechselbare Konsonanten)

Pech |

Holger überhörte das Klingen seines Weckers | und hüpfte erst spät aus dem Bett. | Mit der morgendlichen Hygiene nahm er es heute nicht so genau. | Er tauschte seinen Pyjama gegen eine Jeans | und flitzte zu seinem Rad. | Hätte er nur schon den Mopedführerschein, | dann hätte er sich nicht so beeilen müssen | und auch die Mülleimer nicht übersehen. | Aber es war typisch, | dass ausgerechnet ihm so ein Missgeschick passierte. | Mit viel Mühe stopfte er die übel riechenden Tüten in die Tonnen zurück | und hob seinen abgerissenen Fahrraddynamo auf. | Er radelte ins Gymnasium | und kam dort gerade pünktlich zur ersten Schulstunde an. | Eigentlich fand er die Lehrerin sympathisch, | aber als sie ihm seine Fünf in Mathe übergab, | war sie schon nicht mehr so nett. | Mit Zylindern und Pyramidenstümpfen würde er sich wohl nie anfreunden können. | Unglücklicherweise konnte er auch in Physik | vor lauter Angst die Schaltkreissymbole | und die geübten Formeln nicht anzeichnen. | „Ein völlig überflüssiger Vormittag“, | dachte er sich. ||

158 Wörter

132 Gesprächsfetzen
(Zusammen- oder getrennt: Verben)

Gesprächsfetzen |

Du musst den Trainer wieder holen. | Diesen Aufschlag müsst ihr wiederholen. | Das solltest du nicht wieder tun. |

Den Baum müssen wir festbinden, damit er nicht abknickt. | Arbeitet dein Gärtner fest angestellt* bei dir? | Lass uns diese Arbeit erst fertig machen*! |

Wenn du vorwärtskommen willst, musst du mehr tun. | Dann wird es auch mit unserem Projekt vorwärtsgehen. |

Zu diesem Thema kann ich nichts weiter sagen. | Es wird sich bestimmt zum Guten weiterentwickeln. | Dann wirst du weiterwissen. |

Ich verlange, dass du diese Behauptung richtigstellst. | Damit kannst du endlich mal etwas richtig machen. | Weißt du, ob die Uhr richtig geht*? |

Er muss noch einkaufen gehen. | Danach will er sich zum Joggen fertig machen*. | Aber heute Abend können Sie ihn kennen lernen*. ||

121 Wörter

* hier ist auch Zusammenschreibung möglich

133 Schulparty
(Zusammen oder getrennt: Verben)

Schulparty |

Nächste Woche soll in unserer Schule eine große Party stattfinden. | Die Klassensprecher müssen dafür die Musik und das Programm zusammenstellen. | „Wir handhaben es am besten so, | dass sich die eine Hälfte um die Lieder kümmert | und die anderen den Rest erledigen“, | schlug der Schülersprecher vor. | Ich musste mich nicht breitschlagen lassen, | dafür Sorge zu tragen, | dass die Stereoanlage mit Lautsprechern und Mischpult rechtzeitig aufgebaut wird. | Diesen Job erledigte ich alljährlich für die Faschingsfeier unseres Sportvereins. | Doch es war schlichtweg ein Problem, | einen geeigneten Standort zu finden. | Ich musste überall nachsehen, | ob Steckdosen in erreichbarer Nähe waren, | und sogar den Musikraum der Schule auf den Kopf stellen, | um alles Zubehör zusammenzu-suchen. | Letzten Endes sollte die Anlage dann zwischen der Bar und dem Eingang Platz finden. | Es zeigte sich später, dass ich den Standort gut gewählt hatte, | aber allzu oft würde ich diese Arbeit wohl doch nicht mehr machen. ||

148 Wörter

Das Datum von heute ___________

134 Der Heuwagen
(Zusammen oder getrennt: Adjektive, Partizipien, Präpositionen)

Der Heuwagen |

An einem brütend heißen Sommertag | lud der Bauer meterhoch Heu auf seinen Leiterwagen. | Anstatt sich die Zeit zu nehmen, | jede Lage ordentlich aufzuschichten, | arbeitete er rasend schnell, | weil ein Gewitter im Anzug war. |

Endlich war das Heu verladen, | jedoch zu hoch getürmt und schlecht verteilt. |

Die Pferde zogen schwer schnaufend an, | doch sie brachten den Wagen nicht von der Stelle. |

Der Bauer wurde fuchsteufelswild. | Er schlug mit der Peitsche und stieß bitterböse Flüche aus. | Als das nichts half, | lockte er die stocksteif dastehenden Pferde | mit zuckersüßer Stimme. | Alles vergebens! |

Schon hörte man minutenlanges Gewittergrollen in der Ferne. |

Ein Grashüpfer, der oben auf dem Heu saß, | betrachtete die Szene. | Er dachte bei sich: | „Den Pferden zuliebe will ich den Wagen verlassen | und ihn leichter machen." | Daraufhin sprang er hinab. | Tatsächlich wurde der Wagen jetzt fortgezogen. |

Höchst zufrieden rief der Grashüpfer | dem davonruckelnden Gespann nach: |

„Fahr nur fort! | Den Dank schenke ich dir, Bauer, | aber denke dran, wer dir hier geholfen hat!" ||

160 Wörter

7/8

Das Datum von heute __________

135 Vor der großen Reise
(Zusammen oder getrennt: Adjektive, Partizipien, Präpositionen)

Vor der großen Reise |

Familie Wenzel plant einen fünfwöchigen Urlaub nach Australien. | Herr Wenzel war im Reisebüro und berichtet, | wie die Anreise vonstattengehen wird. | „Wir werden zuerst bis zum Flughafen Zug fahren. | Im Flugzeug können wir Gott sei Dank auf der langen Strecke | in einer Reihe beieinandersitzen. | In Dubai und Singapur werden wir zwischenlanden | und sind dann frühmorgens am Ziel. | Dort steht ein vollklimatisierter* Wagen bereit, | in dem wir für unsere Koffer und die Zeltausrüstung | genug Platz finden werden. | Ich denke, | wir sollten dann den nächstbesten Zeltplatz ansteuern | und uns von der nicht enden wollenden Reise erholen. | Finden wir keinen, | müssen wir schlimmstenfalls ein Hotel suchen, | aber das ist kein Problem. | Nachdem wir mal wieder durchgeschlafen haben, | können wir am nächsten Tag an der Küste entlangfahren | und uns die Umgebung anschauen. | Ich hoffe, dass alles glattgehen wird.“ ||

136 Wörter

* hier ist auch Getrenntschreibung möglich

Das Datum von heute ___________

136 Welche Farbenpracht!
(Zusammen oder getrennt: Adjektive, Partizipien, Präpositionen)

Welche Farbenpracht! |

In der letzten Woche haben wir uns in der Schule getroffen, | um unseren Kunstraum gründlich aufzuräumen. |

Zuerst sollten wir die vielen Farbeimer sortieren | und aufeinanderstapeln. | Wir türmten wohlgemut einen Eimer auf den anderen, | bis unser Kunstlehrer plötzlich innehielt | und ganz erschrocken aussah. | Schon bog sich der Turm und fiel lautstark um. | Bedauerlicherweise waren die Eimer größtenteils aufgegangen. | Da sahen wir nun himmelblaue, blutrote | und leuchtend grüne Farbe ineinanderfließen. | Inmitten dieser Farbenpracht stand mit einem Mal bunt | gescheckt unser Rektor, | der ausgerechnet in diesem Moment aufgetaucht war, | um sich bei uns zu bedanken. ||

95 Wörter

LERNTIPP
Übe schwierige Wörter mal so:
Ordne etwa 10 Wörter nach dem Alphabet.
Bilde je einen Satz mit ihnen, dabei sind auch Unsinnssätze erlaubt.

7/8

Das Datum von heute __________

137 Wohnen im alten Rom
(Zusammen oder getrennt)

Wohnen im alten Rom |

Das alte Rom zog viele Menschen an, | die hier auf engem Raum zusammenlebten. | In dichtbevölkerten* Stadtteilen waren die Häuser vollgestopft. | Also baute man in die Höhe. | Man errichtete aus Steinpfeilern | und hartgebrannten* Ziegeln mehrstöckige Mietshäuser. | Im Erdgeschoss befanden sich Läden und Werkstätten, | in den oberen Stockwerken lebten die einfachen römischen Bürger | in feuchtkalten Wohnungen. | Diese bestanden meist aus nur einem Raum | und hatten keine eigene Küche. | Fließendes Wasser gab es ebenso wenig | wie richtige Heizungen. | Vielmehr konnte man sich an einem nahegelegenen* Brunnen Wasser holen, | das dann allerdings in die hochgelegenen Stockwerke zu tragen war. | Zum Heizen mussten viele Menschen mit Holzkohle | in tragbaren Kohlebecken vorliebnehmen. | Wer baden wollte, | musste die öffentlich zugänglichen Badestuben aufsuchen, | die es zur Zeit von Christi Geburt | bereits hundertfach in Rom gegeben hat. ||

7/8

133 Wörter

* hier ist auch Getrenntschreibung möglich

Das Datum von heute ___________

138 Der Ohrwurm und die Taube
(Doppelter oder einfacher Konsonant)

Der Ohrwurm und die Taube |

Der Ohrwurm mochte die Taube nicht leiden. |
Sie hasste den Ohrwurm ebenso. |
Da trafen sich eines Tages die beiden |
in einer Straßenbahn irgendwo. |

Sie schüttelten sich erfreut die Hände |
und lächelten liebenswürdig dabei |
und sagten einander ganze Bände |
von übertriebener Schmeichelei. |

Doch beide wünschten sie sich im Stillen, |
der andere möge zum Teufel gehn. |
Und da es geschah nach ihrem Willen. |
So gab es beim Teufel ein Wiedersehn. ||

Joachim Ringelnatz

68 Wörter

139 Der Spiegel und die Lampe
(Doppelter oder einfacher Konsonant)

Der Spiegel und die Lampe |

„Sie faule, verbummelte Schlampe“, |
sagte der Spiegel zur Lampe. |
„Sie altes, schmieriges Scherbenstück“, |
gab die Lampe dem Spiegel zurück. |
Der Spiegel in seiner Erbitterung |
bekam einen ganz gewaltigen Sprung. |
Der zornigen Lampe verging die Puste. |
Sie fauchte, rauchte, schwelte und rußte. |
Das Stubenmädchen ließ beide in Ruhe. |
Und doch: Ihr schob man die Schuld in die Schuhe. ||

Joachim Ringelnatz

58 Wörter

140 Leuchttürme
(Doppelter oder einfacher Konsonant)

Leuchttürme |

Du kennst bestimmt die hohen Türme | an wichtigen oder gefährlichen Küstenabschnitten. | Sie warnen näher kommende Schiffe vor Untiefen, | verborgenen Riffen oder steilen Klippen | und weisen ihnen den Weg durch das Fahrwasser. | Mit ihrer Hilfe können Schiffe ihre Position bestimmen, | was auch heute immer noch wichtig ist, | wenn die modernen funktechnischen Anlagen ausfallen. |

Früher arbeitete ein Leuchtturmwärter auf dem Leuchtturm. | Über steile Wendeltreppen gelangte er | von unten zu seiner Arbeitsstelle in die große Glaskuppel. | Er war dafür verantwortlich, | dass das Leuchtfeuer nie erlosch. | Inzwischen werden die Lichtsignale automatisch gesteuert, | was den Beruf als Leuchtturmwärter überflüssig macht. | Viele Türme mit ihrer Aussichtsplattform | dienen heute als Touristenattraktion. | Der derzeit höchste Leuchtturm in Deutschland | ist der Gitterturm in Campen an der Ems. | Er misst 65 Meter. | Trotz des Einsatzes modernster Satelliten | haben Leuchttürme nach wie vor ihren Platz in der Navigation. ||

137 Wörter

Das Datum von heute __________

141 Der Traum vom Hauptgewinn
(Doppelter oder einfacher Konsonant)

Der Traum vom Hauptgewinn |

Neulich hatte ich einen seltsamen Traum. | Ein Unbekannter rief bei mir an | und fragte mich mit verstellter Stimme nach meiner Adresse. | Dann sagte er, dass ich einen Preis gewonnen hätte. | Ich sollte um fünf Uhr im Zoo am Giraffengehege sein | und als Erkennungszeichen ein Erdnussbuttereis bestellen. | Obwohl ich misstrauisch war, | rannte ich schnell zum vereinbarten Treffpunkt. | Weil es in Strömen goss, | war ich allein. | Nur ein nasser Hund schlich um meine Beine | und kläffte. | Ich wartete und wartete. |

Inzwischen zog ein Gewitter herauf. | Mir war kalt, | deshalb hatte ich Appetit auf eine warme Waffel. | Ich erkundigte mich beim Verkäufer, | ob ich dazu Erdnussbutter haben könnte. | Der Verkäufer strahlte, | zog einen goldenen Zettel aus der Tasche | und las meinen Namen und meine Telefonnummer vor. | Dann überreichte er mir einen Sonnenschirm. |

Ich spannte ihn auf | und wanderte zusammen mit dem Hund durch den Zoo, | bis ich aufwachte. ||

139 Wörter

Das Datum von heute __________

142 Pizzateig (Doppelter oder einfacher Konsonant; inklusive ck/tz)

Pizzateig |

Für den Teig brauchst du fünfhundert Gramm Mehl, | einen knappen halben Esslöffel Salz, | einen achtel Liter lauwarmes Wasser | und ein Päckchen Trockenhefe. | Mische das Mehl in einer Schüssel mit der Hefe und dem Salz. | Schütte dann langsam das Wasser dazu | und knete daraus einen Teig. | Wenn du noch eine Prise Zucker dazugibst, | geht die Hefe besser und schneller auf. | Ein Schuss Öl macht den Teig geschmeidiger. | Forme eine Kugel und lege sie in eine Schüssel. | Mit einem sauberen Geschirrtuch deckst du sie zu | und stellst sie an einen warmen Ort. | Lasse den Teig dort mindestens eine halbe Stunde gehen. | Rolle den Teig danach mit einem Nudelholz flach aus | und belege ihn nach deinem Geschmack. ||

116 Wörter

LERNTIPP

Ableiten: „Träume" kommt von „Traum" und wird mit äu geschrieben. „kannte" kommt von „kennen" und wird mit nn geschrieben. Suche die Stammform, den Infinitiv oder setze bei Verben „alle" davor: sie sah – alle sehen (also mit h).

Das Datum von heute ___________

143 Pizzabelag (Doppelter oder einfacher Konsonant; inklusive ck/tz)

Pizzabelag |

Nimm einen fertigen Pizzateig, | rolle ihn flach aus | und belege ihn nach deinem Geschmack. |
Zuerst kommt allerdings immer eine Tomatensoße | und zuletzt der Käse. |
Du kannst dafür Mozzarella | oder andere Sorten wie Emmentaler oder Gouda nehmen. | Für den Belag eignen sich Salami, | Schinken, Pilze, Sardellen | und fast alle Gemüsesorten. | Besonders edel wird deine Pizza | mit Pfifferlingen und Artischocken, | billiger und ebenfalls lecker sind Zwiebeln oder Oliven. | Feurig scharf wird die Pizza, | wenn du Pepperoni darauflegst. | Würze deine Pizza mit Pfeffer, | Salz, Basilikum und Oregano | und backe sie ungefähr eine halbe Stunde bei 175 Grad. | Pass auf und verbrenne dir nicht die Finger. | Benutze lieber zwei Topflappen. | Guten Appetit. ||

110 Wörter

144 Schneewittchen in Kurzfassung
(Wortbausteine ent- und end-)

Schneewittchen in Kurzfassung |

Weil die alte Stiefmutter sich nicht damit abfinden konnte, | dass sie endgültig gegen die Schönheit Schneewittchens verloren hatte, | sollte der Jäger dem Leben des Mädchens ein Ende bereiten. | Doch Schneewittchen konnte ihm entkommen | und landete bei den sieben Zwergen. | Dort war es zwar entsetzlich eng, | aber sicher. | Schneewittchen erledigte für die Zwerge den ganzen Haushalt. | Sie entstaubte die Hütte, | kochte, | entkernte Kirschen und bediente sogar den Entsafter. |

Die Zwerge waren sehr zufrieden | und entsprechend gut war die Stimmung im Haus. | Allerdings befürchteten sie, | dass die alte Stiefmutter das Mädchen entdecken könnte. | Eines Tages fanden sie Schneewittchen tatsächlich leblos auf dem Boden. | Die Stiefmutter hatte mit einem vergifteten Apfel ihr Leben beendet, | welch entsetzliche Tat! | Die Tränen der Zwerge flossen endlos. | Sie legten das Mädchen in einen gläsernen Sarg. |

Da kam ein Königssohn den Weg entlang. | Er verliebte sich auf der Stelle | und ließ den Sarg forttragen. | Unterwegs stolperten die Diener. | Dadurch löste sich endlich das giftige Apfelstück | und Schneewittchen wurde gerettet. ||

161 Wörter

145 Geständnis
(Wortbausteine ent- und end-)

Geständnis |

Liebe große Schwester, |

gestern Abend habe ich an deiner* Tür gelauscht. | Eigentlich bin ich froh, | dass du* dich* endlich von Herrn Stein getrennt hast, | denn das wurde ja auch Zeit. | Schließlich war es mir entsetzlich peinlich, | dass du* dich* ausgerechnet in unseren Referendar verliebt hast. | Ich war schrecklich wütend, | denn alle meine Freunde | haben über eure endlose Knutscherei gelästert. | Entgegen meiner Aussage ist er aber gar nicht verheiratet, | ich habe ihn auch nie lachend | mit drei Kindern den Fluss entlang spazieren sehen. | Eigentlich habe ich ihn nirgends mehr ohne dich* gesehen. | Weil du* nun aber wegen meiner Lüge | so furchtbar enttäuscht bist | und ich dich* nur noch heulend sehe, | möchte ich mich bei dir* entschuldigen. | Ich hoffe, dass du* mir noch einmal verzeihst. |

Dein kleiner Bruder ||

128 Wörter

* kann in Briefen auch groß geschrieben werden

Das Datum von heute __________

146 Unterwegs mit der Bahn
(Wortbausteine ent- und end-)

Unterwegs mit der Bahn |

Als Herr Müller an diesem verschneiten Morgen aufwachte, | entschloss er sich, | mit dem Zug zur Arbeit zu fahren. | Schon die Anfahrt mit dem Auto zum Bahnhof | dauerte endlos lange | und Herr Müller sah sich in seinem Entschluss, | den Wagen stehen zu lassen, | bestätigt. | Nach einiger Suche entdeckte er eine Parklücke. | Der Zug wartete schon | und Herr Müller stieg, | verwundert über die wenigen Fahrgäste, ein. | Nach kurzer Fahrt stoppte der Zug. | Herr Müller fragte den Schaffner | und dieser entgegnete, dass die Gleise enteist werden müssten, | bevor die Fahrt fortgesetzt werden könne. |

Nachdem ein entgegenkommender Zug vorbeigerollt war, | setzte sich auch diese Bahn endlich wieder in Bewegung. | Doch bis zur Endstation war es noch weit | und so kam Herr Müller an diesem Tag viel zu spät in der Stadt an. | Nach einem kurzen Endspurt stand er völlig außer Atem | vor dem verschlossenen Bürogebäude. | Ihm war entfallen, dass heute Sonntag war. | Enttäuscht nahm er den nächsten Zug | in die entgegengesetzte Richtung. ||

162 Wörter

7/8

147 Ein nächtlicher Ausflug
(Wortbausteine -lich und -ig)

Ein nächtlicher Ausflug |

Natürlich sollte ich nachts eigentlich im Bett liegen. | Aber heute habe ich mich heimlich hinausgeschlichen, | um mich mit Frieder zu treffen. | Gemeinsam laufen wir zur alten Burg, | wo es um Mitternacht besonders gruselig ist. | Früher lebte hier angeblich ein reicher König. | Einmal ließ er einen Mönch unschuldig in den Kerker werfen. | Wochen später machte der König einen grausigen Fund: | Der Mönch war verschwunden, | dafür lag sein einziger Sohn verhungert im Verließ. | Beim Gedanken an diese Geschichte fühlen wir uns ziemlich mulmig, | aber schließlich soll dies hier eine Mutprobe werden. | Wir wollen nämlich über die alte Burgmauer balancieren. | Als Frieder das rostige Tor zum Burghof | vorsichtig öffnen will, | schreit er auf. | Er hat in eine eklige, klebrige Masse gefasst. | Schon ist es mit unserem Mut vorbei. | Wir laufen mit Höchstgeschwindigkeit davon. | Vor meinem Bett finde ich einen leeren Topf Honig. | Fürsorglich haben meine Eltern dafür gesorgt, | dass ich mich wieder in meine flauschigen Kissen kuscheln kann, | statt auf gefährliche Mauern zu klettern. | Aber woher haben sie bloß von unserem Vorhaben gewusst? ||

174 Wörter

Das Datum von heute ___________

148 Zelten? Nein danke!
(Wortbausteine -lich und -ig)

Zelten? Nein danke! |

Freudig kamen Susi und Frank im Ferienlager an. | Abenteuerlich und lustig sollte es werden, | doch stattdessen war das Wetter scheußlich. | Regnete es nicht, so blieb der Himmel wolkig | und es war alles andere als sommerlich warm. | Natürlich hatten die beiden bei dieser Campingreise keinen Luxus erwartet, | aber dass es so grässlich und nass werden würde, | damit hatten sie nicht gerechnet. |
In den ersten beiden Tagen war die Stimmung | trotz allem noch prächtig gewesen. | Doch dann wurde es in den Zelten richtig eklig. | Der Dauerregen weichte alles auf, | sodass der lehmige Boden nach ein paar Tagen völlig matschig wurde. | Durch das löchrige Zeltdach tropfte es hinein. | Die Schlafsäcke waren klamm | und es wurde sehr ungemütlich. | Nach einer Woche gaben sie traurig auf | und ließen sich von ihren Eltern abholen. | Glücklich, wieder im Trockenen zu sein | waren sie sich einig: | „Zelten? Nein danke!“ ||

144 Wörter

LERNTIPP
Spickzettel: Schreibe aus einem Diktattext die 10 schwierigsten Wörter auf einen kleinen Zettel. Achtung: Klein, aber sehr ordentlich schreiben. Lies sie mehrmals durch, falte den Zettel zusammen und stecke ihn in die Tasche. Dann schreibst du das Diktat. Wenn eines der Wörter vorkommt, denkst du fest an deinen Spickzettel, aber du holst ihn nicht hervor.

149 Reiten lernen
(Schreibung von dass und das)

Reiten lernen |

Viele Jugendliche möchten gern reiten können. | Das gelingt am besten, | wenn man Unterricht nimmt. | Es ist wichtig, dass du dir einen geeigneten Reitstall aussuchst. | Schau dir dort die Schulpferde, | das sind die Pferde, die für die Reitschüler | zur Verfügung stehen, genau an. | Sie sollten gesund und gepflegt aussehen. | Dass du auch einen guten Reitlehrer brauchst, ist klar. | Es kommt darauf an, | dass er mit dem Pferd, | aber auch mit seinen Schülern gut umgehen kann. | In den meisten Reitställen hat man nichts dagegen, | dass du mal beim Unterricht zusiehst. | Das ist das Beste, | wenn du dir einen Eindruck verschaffen willst. | Dass das Reitenlernen nicht ganz billig ist, | wirst du wohl wissen. | Wenn das für deine Eltern ein Problem ist, | schlag ihnen doch vor, | dass du etwas dazuverdienst. ||

128 Wörter

150 Lauter Freunde
(Schreibung von das und dass)

Lauter Freunde |

Sven hofft, | dass Lea mit ihm ausgeht. | Aber Corinna glaubt das nicht. | Sie behauptet, dass Lea was mit Christian hat. | Sagt sie das, weil sie selbst in Sven verliebt ist? | Das wäre nicht fair. | Sven ist sich sicher, dass Corinna Unrecht hat, | und möchte das sofort klären. | Er ruft Lea an und schlägt vor, | dass sie sich auf der Kirmes treffen. | Das findet Lea gut. | Sie meint, dass das Riesenrad ein guter Treffpunkt wäre. | Als sie am Abend über die Kirmes schlendern, | sieht jeder, dass die beiden verliebt sind. | Das ist Corinna inzwischen einerlei. | Sie bekommt gerade ein Lebkuchenherz, | das Christian für sie gekauft hat. ||

105 Wörter

Das Datum von heute ___________

151 Allein in der Höhle
(Schreibung von das und dass)

Allein in der Höhle |

Eine Forscherin wollte beweisen, | dass man ohne große Probleme | längere Zeit in einer Höhle leben kann. | Das gelang ihr. | Nachdem sie vier Monate ohne Sonne | und ohne Uhr zugebracht hatte, | beendete der Leiter das Forschungsprojekt | und nahm direkten Kontakt zu ihr auf. |

Die Forscher wollten beweisen, | dass Astronauten auf langen Raumfahrten | zurechtkommen können. | Stefania Follini war überrascht, | dass sie so lange in der Höhle gelebt hatte. | Sie dachte, dass sie dort erst zwei Monate zugebracht habe. | Das Projekt, das bislang für eine Frau einmalig ist, | soll nun ausgewertet werden. | Die Forscherin soll in einer Klinik untersucht werden. ||

7/8

97 Wörter

152 Horoskop für Löwen
(Schreibung von das und dass)

Horoskop für Löwen |

Sie müssen wissen, | dass sich entscheidende Veränderungen anbahnen. | Sie stehen den Dingen ein wenig skeptisch gegenüber, | und das nicht ohne Grund. | Es lohnt sich, | dass Sie hinter die Fassade eines lohnenden Angebots blicken. | Dann können Sie sicher sein, | dass es hinterher kein böses Erwachen gibt. |

Sie sind ein herrischer Typ, | leben gern gesellig, | und das auf großem Fuß. | Das Jagdfieber wird Ihnen manchmal etwas verübelt. | Auch dass Sie oft ohne Grund einfach losbrüllen, | erschreckt Ihre Umgebung. | Nehmen Sie bitte nicht übel, | dass Sie wegen Ihrer langen Mähne beschimpft werden. | Das sind böswillige Verleumdungen. | Und das ist Ihre Entschädigung: | Überall auf der Welt | werden Sie von den Biertrinkern sehr geschätzt. | Sie sollten aber darauf achten, | dass Ihr Löwenzahn nicht zu gelb wird. ||

121 Wörter

153 Schwalben
(Schreibung von das und dass)

Schwalben |

Laura erzählt Marie, | dass Schwalben nur bei schönem Wetter | hoch am Himmel fliegen. | Aber Marie bezweifelt, | dass das auch tatsächlich stimmt. | Also schaut sie in ihren Büchern nach. | Tatsächlich steht darin, | dass die Schwalben Insekten fangen | und diese bei unterschiedlicher Witterung hoch oder tief fliegen. | Marie will wissen, | warum das so ist, und sucht weiter. | Sie liest, | dass bei sonnigem Hochdruckwetter warme Luft nach oben steigt. | Mit dieser Warmluft werden auch die leichten Mücken | und Käfer nach oben gehoben. | Je höher das Thermometer klettert | und je sonniger der Tag ist, | umso höher müssen die Schwalben fliegen, | um an ihr Futter zu gelangen. | Kaum zu glauben, | dass schon eine etwas geringere Sonneneinstrahlung | das Aufsteigen der Luft und somit der Insekten bremst. | Ist das Wetter schlecht, | müssen die Räuber ihre Beute knapp über dem Boden jagen. | Der vorherrschende Tiefdruck verhindert, | dass die Insekten sich in großen Höhen aufhalten. ||

148 Wörter

Das Datum von heute ___________

154 Bruchrechnen
(Schreibung von das und dass)

Bruchrechnen |

Liebe Eltern, |

es kann sein, dass ich heute Abend | etwas später nach Hause komme. | Das liegt daran, | dass ich dringend zu Theo muss, | damit er mir das Bruchrechnen erklärt. | Ihr wisst ja, | dass ich morgen eine Mathearbeit schreibe. | Das bereitet mir seit drei Tagen Kopfzerbrechen und Magenkrämpfe. | Ist das eigentlich normal, | dass man sich mit solchen Dingen herumquälen muss? | Das brauche ich später bestimmt nie wieder, | auch wenn Mama immer das Gegenteil behauptet. | Dass Papa Bruchrechnen wichtig findet, | ist ja klar, schließlich muss er das als Mathelehrer. | Allerdings finde ich, | dass ihr trotzdem etwas mehr Geduld | oder wenigstens Mitleid mit mir haben könntet. | Ich hoffe, dass ihr mir | das mathematische Unverständnis verzeiht | und mir morgen die Daumen drückt. |

Euer Sohn ||

121 Wörter

Das Datum von heute __________

155 Einbruch im Museum
(Schreibung von das und dass)

Einbruch im Museum |

Gestern Nacht wurde in das Kunstmuseum eingebrochen. | Die Polizei vermutet, | dass es mehrere Diebe waren, | denn es ist nicht möglich, | das riesige Bild alleine aus dem Museum zu tragen. | Jetzt untersucht das Team der Spurensicherung die Stelle, | an der das Bild hing. | Der Nachtwächter bestätigte, | dass das Bild um Mitternacht noch an seinem Platz war. | Das sei die Zeit gewesen, | zu der er seinen letzten Rundgang gemacht habe. | Fußspuren zeigen, dass die Täter den Weg über den Aufzug genommen haben. | Sie kamen durch ein Fenster im ersten Stock, | das am Abend noch offen stand*. | Es wird vermutet, | dass die Räuber einen weiteren Komplizen hatten, | der mit einem Lieferwagen | in der Nähe des Gebäudes wartete. | Trotzdem ist noch unklar, | wie das Gemälde von der Wand entfernt werden konnte, | ohne dass die Alarmanlage anging. | Die Polizei hofft jetzt, | dass Einwohner der umliegenden Gebäude | das verdächtige Fahrzeug oder die Täter beobachtet haben. ||

7/8

152 Wörter

* hier ist auch Zusammenschreibung möglich

156 Ein Gespräch auf der Straße
(Schreibung von das und dass)

Ein Gespräch auf der Straße |

„Entschuldigen Sie bitte. | Aber ich muss Sie das jetzt fragen. | Kann es sein, dass wir uns schon einmal begegnet sind?“ |

„Nein. Das glaube ich kaum. | Das muss ein Missverständnis sein.“ |

„Aber ich bin mir sicher, | dass ich Sie schon einmal gesehen habe. | Ist es möglich, dass Sie auch auf dem Gartenfest waren, | das die Müllers letztes Jahr gegeben haben?“ |

„Das Gartenfest? | Ja, das kann allerdings sein. | Das waren aber auch viele Gäste. | Kein Wunder, dass ich mich nicht sofort an Sie erinnert habe.“ |

„Aber das macht doch nichts. | Möchten Sie das Gespräch bei einer Tasse Tee fortsetzen?“ |

„Gerne.“ ||

104 Wörter

LERNTIPP
Bekannte Wörter, die du sicher beherrschst, müssen nicht mehr besonders geübt werden. Hier kann es aber Flüchtigkeitsfehler geben, darum immer konzentriert und mit Ruhe an die Arbeit gehen.

Das Datum von heute __________

157 Freundinnen (Fremdwörter)

Freundinnen |

Petra versteht sich gut mit ihrer Freundin Sonja. | Sie besuchen beide das Gymnasium. | Fast täglich telefonieren sie miteinander. | Am Wochenende waren sie in der Disco beim Schulfest. | Mit ihrer Freundin kann Petra eine ganze Stunde lang über ein Thema diskutieren, | ohne dass es stupide wird. | Beide interessieren sich für Gymnastik. | Beide haben auch sonst ähnliche Hobbys. | Beide ziehen gerne Jeans an, | beide schwärmen für Hits der 70er-Jahre. | In Petras Zimmer herrscht oft das gleiche Chaos | wie im Zimmer von Sonja. | In der Schule sind die beiden ein echtes Team. ||

89 Wörter

Das Datum von heute ___________

158 Tanta Lydia (Fremdwörter)

Tanta Lydia |

Wir hatten Tante Lydia zum Picknick eingeladen. | In regelmäßigem Rhythmus | unternehmen wir etwas mit der alten Dame. | Weil das Wetter so stabil blieb, | hatten wir an ein rustikales Buffet gedacht, | das wir draußen auf einer Wiese aufbauen wollten. | Nele hat ihren berühmten Rhabarberkuchen | nach einem Rezept aus dem Internet gebacken. | Es sollte Sandwiches geben, | Pastete, Omelettes und Obst. | Wir hatten auch an komfortable Campingstühle gedacht. | Tante Lydia hatte sich am Telefon allerdings nur vage geäußert. | Ihr Rheuma mache ihr zu schaffen, | aber sie hätte sich den Termin notiert. | So formulierte sie es. | Dabei ist sie sonst so aktiv und agil. |

Nun, wir mussten es so akzeptieren | und hatten gerade alles komplett angerichtet, | als von ferne ein Motorroller zu hören war. | Tatsächlich stieg kurz danach Tante Lydia von ihrer Maschine. | Sie habe sich ein neues Hobby zugelegt, | erklärte sie lachend. | Da konnten wir nur noch gratulieren! ||

145 Wörter

Das Datum von heute ___________

159 Ein Fest der besonderen Art

(Fremdwörter)

Ein Fest der besonderen Art |

Schon in der Antike, | im Jahr 776 vor Christus, | fanden in Griechenland zu Ehren des Zeus | die ersten Olympischen Spiele statt. | Heute werden sie alle vier Jahre | an einem anderen Ort abgehalten. | Die Spiele sollen ein Vorbild für das friedliche Zusammenleben | aller Völker der ganzen Welt sein. | Die fünf Ringe stehen dabei für die Verbundenheit | und Solidarität der Kontinente. | Bei vielen Leichtathletikveranstaltungen, | wie dem Marathonlauf, | dem Stabhochsprung oder den Kurzstreckenläufen, | fiebern die Zuschauern begeistert | mit den internationalen Athleten mit. | Aber auch Disziplinen wie das Military, | das Synchronschwimmen oder der Triathlon | gewinnen immer mehr enthusiastische Fans. | Fairness und Teamgeist stehen bei allen Sportlern | aber an oberster Stelle. | Fair kämpfen sie um die Medaillen | aus Gold, Silber und Bronze. |

Leider gibt es aber trotzdem Sportler, | die durch Pharmazeutika ihre Leistungen manipulieren. | Aus diesem Grund werden Dopingkontrollen durchgeführt. | Dabei wird getestet, | ob die Teilnehmer vor dem Wettbewerben | Anabolika, Steroide oder andere leistungssteigernde Medikamente | zu sich genommen haben. ||

7/8

158 Wörter

Das Datum von heute ___________

160 Ein Rezept für Gourmets
(Fremdwörter)

Ein Rezept für Gourmets |

Du brauchst einen Viertelliter starken gesüßten Espresso. | Lass ihn auskühlen. | Trenne zwei frische Eier, | schlage das Eiklar mit dem Quirl steif | und stelle es in den Kühlschrank. | Das Eigelb rührst du mit 80 Gramm Kristallzucker so lange, | bis eine weißlich-schaumige Masse entsteht. |

Verrühre nun mit dem Schneebesen 125 Gramm Mascarpone, | ersatzweise Speisequark oder Frischkäse, | vorsichtig mit der Eigelb-Zucker-Masse. |

Danach ziehst du den Eischnee unter. |

Lege den Boden einer niedrigen rechteckigen Kasserolle | oder Glasform mit Löffelbiskuits aus. | Eventuell musst du die Biskuitkekse dazu zerbrechen. |

Tränke die Kekse mit dem Espresso | und verteile eine Schicht Quarkcreme darauf. |

Wiederhole die Reihenfolge Kekse, Espresso, Quark, | bis alles komplett aufgebraucht ist. | Am Ende bestreust du dein Tiramisu durch ein Sieb mit Kakaopulver | und stellst es bis zum Servieren kalt. ||

128 Wörter

LERNTIPP

Fremdwörter: Trage in ein kleines Vokabelheft Fremdwörter ein, die dir aufgefallen sind. Schlage die Bedeutung im Fremdwörterbuch nach und schreibe sie dazu.

161 Richtig bewerben
(Fremdwörter)

Richtig bewerben |

Pünktlichkeit, Verantwortungsbewusstsein und Engagement | setzen vermutlich alle Arbeitgeber voraus. | Auch der gute Eindruck der schriftlichen Bewerbung | ist überall entscheidend: | Alle geforderten Formalitäten müssen termingerecht | und korrekt erfüllt sein. | Die eigenen Qualifikationen | sollten den Anforderungen des Berufsfeldes entsprechen | und angemessen präsentiert werden. |

Im Dienstleistungsgewerbe sollte man ein sicheres Auftreten | und ein ordentliches Erscheinungsbild haben, | kontaktfreudig sein und auf Menschen zugehen können. | Technische Berufe erfordern vor allem Sachkompetenz, | sauberes und präzises Arbeiten, | praktische Fähigkeiten und logisches Verständnis. | Bevor man sich für eine berufliche Richtung entscheidet, | gilt es deshalb, neben den eigenen Interessen | auch seine speziellen Stärken zu analysieren. |

Durch gründliche Information im Internet, | bei der Bundesagentur für Arbeit | oder in den Berufsinformationszentren | lässt sich herausfinden, | worauf es in einem Beruf ankommt | und welche Firmen Ausbildungsplätze anbieten. | Eine andere Bewerbungsstrategie ist es, | sich aus eigener Initiative bei einer interessanten Firma vorzustellen | und die Chefs von den eigenen Qualitäten zu überzeugen. ||

149 Wörter

Das Datum von heute __________

162 Moderne Welt der Medien
(Fremdwörter)

Moderne Welt der Medien |

Vor fünfundzwanzig Jahren | besaßen die meisten Haushalte | zwar seit Jahrzehnten Fernsehgeräte, | Radioapparate und Kassettenrekorder, | doch der CD-Player war noch relativ neu | und begann gerade erst den Schallplattenspieler zu ersetzen. |

Die ersten Computer kamen damals fast nur in Firmen zum Einsatz. | Büchereien und andere Verwaltungsstellen arbeiteten | oft noch mit Karteikartensystemen. | Briefe und Formulare wurden mit der Schreibmaschine bearbeitet. |

Teenager waren die Ersten, | die einen PC privat nutzten. | Einfache Spiele mit simplen Grafiken begeisterten damals die jugendlichen Nutzer. | Heute ist ein Leben ohne Notebook, | Handy, Digitalkamera und DVD-Player | auch für viele ältere Leute nicht mehr vorstellbar. | Durch ihre praktischen Einsatzmöglichkeiten | unterstützen sie die Flexibilität | und Mobilität der Menschen. | Internetforen und E-mail-Kontakte bieten eine neue | und anonyme Art der Kommunikation. ||

121 Wörter

7/8

Das Datum von heute __________

163 Die Vernichtung der Regenwälder
(Wörter mit ä/e und äu/eu)

Die Vernichtung der Regenwälder |

Die tropischen Regenwälder erstrecken sich entlang des Äquators. | Wegen des ganzjährig gleichmäßig feuchten | und warmen Klimas | findet man in diesen Regionen | das artenreichste Ökosystem der Erde | mit unzähligen Pflanzen- und Tierarten. | Noch vor 50 Jahren bedeckte der tropische Regenwald | eine Fläche von ungefähr 15 Millionen Quadratkilometern. | Doch in den letzten Jahrzehnten | wurde die Hälfte des tropischen Regenwaldes vernichtet. | Ausländische Auftraggeber zahlen viel Geld | für das feste Holz, | das sich teuer verkaufen lässt. | Die Arbeiter in den Wäldern und Sägewerken dagegen | bekommen spärliche Löhne | für ihre aufwändige und anstrengende Tätigkeit. | Trotzdem wird nur ein Bruchteil | der Baumstämme und Äste verwertet, | die größten Flächen fallen der Brandrodung zum Opfer. | Ärmere Einheimische gewinnen durch selbst gelegte Feuer | kurzfristig neue Anbau- und Weideflächen, | die aber schon nach wenigen Ernteperioden | unfruchtbar werden. | Dann legen die Menschen erneut Brände, | um ihre Ernährung zu sichern. ||

Zusatz zur Verlängerung:

Wenn die räuberische Ausbeutung | in diesem Maße fortschreitet, | wird es in 20 Jahren keine Regenwälder mehr geben. | Der Regenwald ist jedoch für das Klima unserer Erde | von unermesslicher Bedeutung. | Seine Zerstörung führt zur allmählichen Erwärmung der Atmosphäre | und gefährdet dadurch die Menschen und ihre Umwelt. | Schon heute bemerken Experten | eine Klimaveränderung und ein gehäuftes Vorkommen von Naturkatastrophen. ||

142 Wörter
Zusatz: 57 Wörter

Das Datum von heute ___________

164 Waldbrände
(Wörter mit ä/e und äu/eu)

Waldbrände |

Alljährlich kommt es in den südlichen Ländern | zu verheerenden Waldbränden. | Besonders im Spätsommer, | wenn es über einen längeren Zeitraum kaum geregnet hat, | geraten die Bäume und Sträucher in Brand. | Trotz des unermüdlichen Einsatzes der Feuerwehr | ist es schwer, | die Brände zu stoppen, | da die Flammen die dürren Äste und morschen Baumstämme | in großräumigen Gebieten immer wieder neu anstecken. | Deshalb hoffen alle auf die erlösenden Regenfälle, | die auch die überall gefährlich glimmenden Glutreste löschen. |

Die Feuer gefährden aber nicht nur jahrhundertealte Baumbestände, | sondern auch die Menschen, | die in der Nähe der Waldflächen leben. | Jedes Jahr brennen zahlreiche Häuser und Scheunen ab, | tausende* Hektar von Äckern, | auf die die Waldbrände übergreifen, | werden vernichtet. | Leute, die erleben mussten, | wie ihre Existenzgrundlage verbrennt, | haben häufig Jahre später noch Albträume. | Ärgerlich ist, dass viele der Brände zu vermeiden wären. | Häufig liegt die Ursache nämlich in der Nachlässigkeit der Menschen. | Oft lösen fahrlässig weggeworfene Zigarettenkippen, | Zündeleien oder Lagerfeuer die heftigen Brände aus. ||

157 Wörter

* hier ist auch Großschreibung möglich

Das Datum von heute __________

165 Maus und Elefant
(Zeichen der wörtlichen Rede)

Maus und Elefant |

Eine Maus und ein Elefant treffen sich in einer Bar. |

Die Maus sagt: | „Darf ich dich zu einem Glas Wein einladen?“ |

„Aber nur, wenn ich dich auch einladen darf“ | , antwortet der Elefant. |

Die Maus bestellt, | hebt dann ihr Glas und sagt: | „Prost!“ | Sie trinken aus. |

Dann bestellt der Elefant. |

Sie geben sich gegenseitig viele Gläser Wein aus. |

Auf einmal fragt die Maus: | „Du, Elefant, weißt du, was ich sehe?“ |

„Nein, woher denn?“, | antwortet der Elefant. |

„Ich sehe weiße Mäuse!“, | staunt die Maus. |

„Dafür habe ich morgen einen Kater“, | erwidert der Elefant, |

„und mit dem kann ich dann die weißen Mäuse fangen!“ |

„Das finde ich gar nicht lustig!“, | ruft die Maus. ||

107 Wörter

LERNTIPP

Keine Musik und kein Fernsehen beim Üben! Es ist erwiesen, dass dadurch die Konzentration nachlässt und eher Fehler passieren. Auch der Arbeitsplatz sollte so aufgeräumt wie möglich sein, am besten sogar leer bis auf Papier und Stift.

Das Datum von heute __________

166 Gespräch mit einem Fußballprofi
(Zeichen der wörtlichen Rede)

Gespräch mit einem Fußballprofi |

Während der Weltmeisterschaft | war in einer Sportsendung | dieses Interview zu hören:

Ein Reporter fragt besorgt: | „Sie haben sich im Spiel in den letzten Minuten verletzt. | Ist es eine schlimme Verletzung?“ | „Ja“, antwortet der Stürmer, | „leider ist das Kreuzband gerissen. | Ich werde in diesem Turnier nicht mehr antreten können.“ | „Dann kann man Ihnen nur gute Besserung wünschen“, | entgegnet der Reporter. | Er fragt weiter: | „Wie fanden Sie die Abwehr der gegnerischen Mannschaft? | Ich hatte den Eindruck, | Sie konnten dem Libero nichts entgegensetzen.“ | „Ja, verdammter Mist!“, seufzt der Fußballer, | „Ich hatte wirklich große Probleme dabei, | mich auf ihn zu konzentrieren. | Aber als wir unsere Strategie geändert hatten, | lief es deutlich besser.“ | „Darum ist Ihre Mannschaft ja verdient | als Sieger vom Platz gelaufen. | Eine großartige Leistung!“, | lobt der Fernsehsprecher. | Er stellt noch eine letzte Frage: | „Wer wird wohl den Kampf um die Weltmeisterschaft gewinnen?“ | „Der Beste“, antwortet der Profi | und verschwindet humpelnd in der Kabine. ||

155 Wörter

7/8

Das Datum von heute ____________

167 Beim Friseur
(Zeichen der wörtlichen Rede)

Beim Friseur |

Ein Mann kommt mit einem kleinen Jungen zum Friseur. | „Was darf es sein, mein Herr?“, | fragt der Friseur. „Ich möchte mir den Bart stutzen lassen“, antwortet der Mann, | „und dann brauchen wir noch einen Kinderhaarschnitt.“ | „Aber natürlich, mein Herr“, flötet der Friseur, | „bitte setzen Sie sich.“ | Er rasiert seinen Kunden mit äußerster Sorgfalt. | Als er fertig ist, erkundigt er sich: | „Sind Sie zufrieden, mein Herr?“ | „Vollkommen zufrieden“, versichert dieser. | „Solange Sie dem Jungen die Haare schneiden, | werde ich schnell noch eine Besorgung machen“, | sagt der Mann und geht. | Der Friseur wäscht und schneidet dem Jungen die Haare. | Während er die Haare föhnt, sagt der Friseur: | „Dein Vater ist immer noch nicht zurück. | Er hat dich wohl hier vergessen?“ | Der Junge grinst: „Das war nicht mein Vater. | Ich habe ihn auf der Straße getroffen. | Er hat gefragt, ob ich einen kostenlosen Haarschnitt will.“ ||

145 Wörter

Das Datum von heute ___________

168 Vier Witze
(Zeichen der wörtlichen Rede)

Vier Witze |

„Sabine“, schimpft die Mutter, | „nun iss endlich die Suppe auf. | Andere Kinder wären froh, wenn sie nur die Hälfte hätten!“ |

Sabine antwortet: „Ich auch!“ |

Zwei Freundinnen unterhalten sich. | Die eine erzählt: | „Gestern war im Kaufhaus Stromausfall. | Ich habe zwei Stunden im Fahrstuhl gesteckt!“ | Die andere stöhnt: | „Das ist doch gar nichts. | Ich habe zwei Stunden auf der Rolltreppe gestanden!“ |

Zwei Schiffbrüchige retten sich mit letzter Kraft auf eine einsame Insel. |

„Meine Güte“, jammert der eine, | „wir sind verloren! Niemand wird uns finden.“ |

„Keine Angst“, antwortet der andere, | „man wird uns finden: | Ich schulde dem Finanzamt noch 5000 Euro.“ |

Adam fragt Eva: „Liebst du mich?“ |

„Wen denn sonst?“, lautet die Antwort. ||

112 Wörter

Das Datum von heute ___________

169 Ein Sommergewitter mit Folgen
(Silbentrennung)

Ein Som-mer-ge-wit-ter mit Fol-gen |

Am spä-ten Mitt-woch-nach-mit-tag | feg-te ein or-kan-ar-ti-ger Ge-wit-ter-sturm | über wei-te Tei-le der Nord-see-küs-te hin-weg. | Ganz be-son-ders die Fe-ri-en-gäs-te wa-ren | von dem kur-zen, aber hef-ti-gen Un-wet-ter völ-lig über-rascht. | Ge-ra-de auf den vor der Küs-te lie-gen-den In-seln | zeig-te sich das Wet-ter an die-sem Tag | aus-ge-spro-chen son-nig | und so ver-brach-ten die meis-ten Ur-lau-ber ih-ren Tag am Strand. | Nach an-fäng-li-chem Don-ner-grol-len | peitsch-ten aus hei-te-rem Him-mel kräf-ti-ge Sturm-bö-en | die Wel-len an den Strand | und es be-gann sint-flut-ar-tig zu reg-nen. | Un-zäh-li-ge Son-nen-schir-me, Hand-tü-cher und an-de-re Ge-gen-stän-de | wur-den oh-ne Vor-war-nung weg-ge-fegt. | Selbst ein Zwerg-pu-del | an der Lei-ne wur-de ei-ner Da-me aus der Hand ge-ris-sen. | Spä-ter wur-de der Klei-ne un-ver-sehrt, | aber laut win-selnd hin-ter ei-ner Dü-ne | von Pas-san-ten ge-fun-den. | Nach gut ei-ner hal-ben Stun-de | war der Spuk vor-bei. | Ver-letzt wur-de glück-li-cher-wei-se nie-mand. | Den-noch ent-stand ein be-trächt-li-cher Sach-scha-den | an Strand-kör-ben, par-ken-den Au-tos | oder Im-biss-bu-den. ||

(zuerst den Text komplett diktieren und später die Silben mit senkrechten Strichen markieren lassen)

7/8

138 Wörter

Das Datum von heute __________

170 Hexenküche
(Silbentrennung)

He-xen-kü-che |

Für die-ses be-währ-te Re-zept | be-nö-tigst du sie-ben-und-zwan-zig Spin-nen-bei-ne, | zwei Glä-ser Sau-er-kirsch-mar-me-la-de, | drei-und-acht-zig quick-le-ben-di-ge Al-li-ga-to-ren | so-wie ein-hun-dert-sie-ben-und-zwan-zig Ki-lo Rat-ten-gift. | Des Wei-te-ren müs-sen künf-ti-ge He-xen-meis-ter | und Zau-ber-lehr-lin-ge | ei-nen Zau-ber-spruch er-sin-nen | und die-sen zu mit-ter-nächt-li-cher Geis-ter-stun-de | rück-wärts aus-wen-dig vor-tra-gen. | Ent-fa-che nun ein vier-und-vier-zig Me-ter ho-hes He-xen-feu-er | und um-run-de es mit einem ul-tra-leich-ten Tur-bo-he-xen-be-sen. | War-te ein-und-zwan-zig Ta-ge, | bis das Feu-er he-run-ter-ge-brannt ist. | Stel-le ei-nen Kes-sel voll glib-be-ri-gem Wa-ckel-pud-ding auf die Glut | und gib die o-ben ge-nann-ten Zu-ta-ten | in be-lie-bi-ger Rei-hen-fol-ge da-zu. | Rüh-re mit dei-nem Be-sen-stiel | sieb-zehn-mal um | und trin-ke ei-nen kräf-ti-gen Schluck. | Ver-kraf-tet dies dein Gau-men, Ma-gen und Herz, | be-kommst du das Eh-ren-fan-ta-sie-di-plom in Gold. | Herz-li-chen Glück-wunsch! ||

(zuerst den Text komplett diktieren und später die Silben mit senkrechten Strichen markieren lassen)

105 Wörter

Das Datum von heute __________

171 Petras Fest (Kommasetzung)

Petras Fest |

Petra lädt alle ihre Bekannten zu einer Fete ein, | weil sie ihren 14. Geburtstag ganz groß feiern will. | Während Carina die Gläser auf den Tisch stellt, | richtet Tom die Salate an. | Petra muss noch schnell Getränke aus dem Keller holen, | bevor die Party beginnt. |

Damit die Jugendlichen unter sich sind, | gehen Petras Eltern heute ins Kino. |

Leider kann Irmi wegen eines Tennisturniers nicht kommen. |

Bevor Jens und Oliver den Würstchengrill in Gang setzen, | wollen alle noch ein bisschen tanzen, | damit sie richtig Appetit bekommen. |

Alle kriegen mit, | dass sich Tina und Markus mögen, | weil sie die ganze Zeit zusammen tanzen. | Bis die Würstchen fertig sind, | berichtet Rainer den anderen über die Supershow in der Messehalle. |

Hinterher räumen alle mit auf, | nur Sven verdrückt sich mal wieder. | Zum Schluss wollen alle | noch gemeinsam spazieren gehen, | aber leider fängt es an zu regnen. |

Petra, die Gastgeberin, | bringt Carina noch nach Hause. ||

(kein Komma mitdiktieren)

149 Wörter

Das Datum von heute __________

172 Sprichwörter aus aller Welt
(Kommasetzung)

Sprichwörter aus aller Welt |

Wer lesen und schreiben kann, hat vier Augen. |

Wer hinter mehreren Hasen herläuft, fängt keinen. |

Während die Weisen nachgrübeln, erobern die Dummen die Festung. |

Man wirft seine alten Schuhe nicht weg, bevor man neue hat. |

Niemand kann auf einen Baum steigen, der keine Äste hat. |

Wer barfuß geht, darf keine Dornen säen. |

Wo ein Teich ist, da sind auch Frösche. |

Wer langsam geht, geht sicher. |

Das Ziel muss man früher kennen als die Bahn. |

Mit den Vögeln, mit denen man fliegt, wird man schließlich auch eingefangen. |

Kleine Kinder, kleine Sorgen; große Kinder, große Sorgen. |

Nur einer tötet den Elefanten, doch das ganze Volk isst ihn. ||

(kein Komma mitdiktieren)

117 Wörter

LERNTIPP
Dreimal zwanzig Minuten Üben pro Woche bringt mehr als einmal eine Stunde!

7/8

Das Datum von heute __________

173 Im Safari-Park
(Kommasetzung bei Aufzählungen)

Im Safari-Park |

Endlich ist schönes Wetter. | Deshalb wollen Herr Rietberger, seine Frau, | Tochter Elsa und die Söhne Jens und Lothar | zum Safari-Park fahren. |
Die Rietbergers erreichen nach einer Stunde Fahrt den Safari-Park. | Parkplätze, Wiesen, Straßenränder | stehen bereits voller Autos. | Rietbergers wollen mit ihrem Wagen | durch den Park fahren. | Für Elsa, Jens und Lothar | zahlt Herr Rietberger an der Kasse einen ermäßigten Preis. | Langsam fahren sie in den Park ein. | Tiger, Löwen und andere Raubtiere | kann man ganz aus der Nähe betrachten. | Auf einer geraden Strecke | hält Herr Rietberger seinen Wagen an, | denn auf einer großen Wiese | neben der Straße | weiden Giraffen, Zebras und Büffel. | Ein junger Elefant kommt langsam heran, | bleibt vor dem Wagen stehen | und begutachtet mit seinem Rüssel | die Scheibe der Wagentür. | Nach 30 Minuten fährt Herr Rietberger | auf den Ausgang zu, | sucht eine Stelle zum Parken | und lädt seine Familie zu einem Eis | ins Café des Vergnügungsparks ein. ||

(kein Komma mitdiktieren)

150 Wörter

Das Datum von heute __________

174 Nichts als Sprüche
(Kommasetzung)

Nichts als Sprüche |

Wo wir sind, ist Chaos, | aber wir können nicht überall sein. |

Es gibt nichts zu tun, fangt ihr schon mal an! |

Wer die Übersicht verloren hat, | sollte wenigstens den Mut zur Entscheidung haben. |

Wer nachts gut schläft, muss tagsüber seine Ruhe haben. |

Keiner ist unnütz, | er kann immer noch ein schlechtes Beispiel geben. |

Es gibt Menschen, die kaufen sich von dem Geld, | das sie nicht haben, |
Dinge, die sie nicht brauchen, | weil sie damit Leuten imponieren wollen, |
die sie nicht mögen. |

Der Lehrer ist ein Mensch, der Schülern hilft, | die Probleme zu lösen,
die sie ohne ihn nicht hätten. |

Wussten Sie bereits, dass sich Wandergitarren | nicht fortbewegen können? |

Kennen Sie schon die Kindergärtnerin, die Bauklötze staunte? |

Wer sich selbst nichts vormacht, | braucht den anderen nichts nachzumachen. |

Die Vorteile der Klugheit liegen darin, | dass man sich dumm stellen kann. |
Wenn man es umgekehrt macht, | könnte man Schwierigkeiten haben. ||

(kein Komma mitdiktieren)

147 Wörter

7/8

Das Datum von heute __________

175 Zeitungsberichte
(Kommasetzung)

Zeitungsberichte |

Autodiebe hatten keinen Sprit mehr |

Es war nicht gerade ein Meisterstück, | das drei Autodiebe vollbrachten. | Die jungen Männer scheiterten | an ihrer eigenen Dummheit. | Ein Zeuge beobachtete das Trio, | wie es vom Hof eines Gebrauchtwagenhändlers | einen Ford Granada stehlen wollte. | Als die alarmierte Polizei ankam, | war der Wagen schon weg. | Aber er war noch nicht weit, | denn den Dieben | war nach fünfhundert Metern der Sprit ausgegangen, | sodass sie schieben mussten. |

Wale im Hamburger Hafen |

Im Hamburger Hafen sind gestern | zwei Schweinswale gesichtet worden. | Experten vermuten, dass die 1,80 Meter langen | und 55 Kilogramm schweren Wale | deshalb dorthin gelangt waren, | weil das Hochwasser ungewöhnlich hoch gestiegen war. | Den Tieren, die mit den Delphinen eng verwandt sind, | gelang es, den Hafen wieder | Richtung Elbmündung zu verlassen. ||

(kein Komma mitdiktieren)

7/8

122 Wörter

Das Datum von heute __________

176 Sicherheit auf der Skipiste
(Kommasetzung)

Sicherheit auf der Skipiste |

Jeder, der in den Wintersport fährt, | sollte daran denken, dass auch | auf Skipisten eine Ordnung herrscht, | die Ähnlichkeit mit der Straßenverkehrsordnung hat. | Wichtig ist auch, dass die Skifahrer | auf die Natur der Bergwelt Rücksicht nehmen. | Da Wildtiere auf schneearmen Südhängen | ihr spärliches Winterfutter finden, | sollte man diese Gebiete meiden. | Der Skifahrer sollte sich an markierte Loipen, | an Pisten oder bestimmte Routen halten. | Lärmen, Skifahren bei Dämmerung | und das Tiefschneefahren im Wald sollten unterbleiben. |

Jeder Skifahrer muss sich so verhalten, | dass er keinen anderen gefährdet. |

Der Skifahrer, der von hinten kommt, | muss seine Fahrspur so wählen, | dass der vorausfahrende Skifahrer | nicht von ihm gefährdet wird. | Überholt werden darf nur, | wenn man dem überholten Skifahrer | für seine Bewegungen genügend Raum lässt. | Bevor man eine Abfahrtsstrecke überquert, | muss man sich vergewissern, | dass man dies ohne Gefahr für andere tun kann. ||

(kein Komma mitdiktieren)

137 Wörter

Das Datum von heute __________

177 Das Wetter (Kommasetzung)

Das Wetter |

Heute ist es nahe der polnischen Grenze | anfangs noch stärker bewölkt, | im Laufe des Tages heitert es aber immer weiter auf | und es bleibt trocken. | In den übrigen Landesteilen | scheint nach Auflösung örtlicher Frühnebelfelder | wie gestern verbreitet die Sonne. | Gegen Abend können im Westen | allerdings einige Regenwolken aufziehen, | die leichten Sprühregen mit sich bringen. | Die Temperatur liegt bei 10 bis 12 Grad in der Lausitz, | sonst werden 13 bis 15 Grad erreicht. | In der Nacht ist es verbreitet noch klar, | im Westen werden die Wolken dichter(,) | und in den Morgenstunden | ist vereinzelt leichter Regen möglich. | Die Temperatur sinkt auf 6 Grad in Küstennähe | und bis –1 Grad im Süden des Landes. |

Am Mittwoch ist es teilweise etwas aufgelockert, | meist jedoch stark bewölkt(,) | und vor allem südlich des Mains | kann es zeitweise regnen. | Die Tageshöchstwerte erreichen 13 bis 16 Grad, | bei Regen maximal 10 Grad. ||

(kein Komma mitdiktieren)

7/8

144 Wörter

Das Datum von heute __________

178 Herbstarbeiten (Kommasetzung)

Herbstarbeiten |

Es kostet Mühe, bis ein Garten | für den Winter vorbereitet ist, | denn es fallen eine Menge Arbeiten an. | Die bunten Blätter werden zusammengerecht, auf den Komposthaufen gebracht | oder in Laubsäcken von der Stadtreinigung abgeholt. | Wird das Laub unter Hecken oder Sträuchern verteilt, | finden Igel hier einen Unterschlupf | für kalte Winternächte. | Wer im Frühjahr blühende Tulpen, Schneeglöckchen, | Krokusse oder Narzissen im Garten haben möchte, | sollte jetzt die Blumenzwiebeln in der Erde stecken. | Solange es frostfrei ist, kann man | die Äste der Obstbäume, Ziersträucher und Rosen | zurückschneiden. | Den Boden im Herbst umzugraben | ist nicht in jedem Fall nötig. | Bei schweren Böden, | davon sind die meisten Gärtner überzeugt, | lässt es sich aber nicht umgehen. | Hier sollte man wenn möglich | die sogenannte Frostgare ausnutzen, | die einen lockeren Boden ergibt, | wenn im Winter die umgegrabenen, | verfestigten Schollen durch den Frost gespalten werden. | Leichte Böden sollten nicht umgegraben, | sondern am besten abgedeckt werden, | entweder mit einer Mulchschicht | oder mit einer Gründüngung. ||

(kein Komma mitdiktieren)

156 Wörter

Das Datum von heute __________

179 Ferienprogramm für Genießer
(Kommasetzung)

Ferienprogramm für Genießer |

Heute ist ein sommerlicher, sonniger und warmer Tag. | Maike überlegt, was sie an diesem ersten Ferientag tun möchte. | Sie könnte in der Sonne liegen und lesen, schwimmen gehen | oder mit dem Fahrrad fahren. | Zuerst ruft sie Lara an, ob sie Zeit und Lust hat, | etwas mit ihr zu unternehmen. | Lara ist nämlich Maikes beste Freundin, | sie ist immer gut gelaunt*, lustig, aktiv | und steckt voller Ideen. | Heute will Lara aber zuerst ihre Tante besuchen, | danach hat sie Tennistraining und erst im Anschluss | kann sie mit Maike schwimmen gehen. | Die beiden verabreden, sich um fünf Uhr am Freibad zu treffen, | plaudern noch ein bisschen am Telefon, | sprechen über ihren neuesten Schwarm | und legen dann auf. | Maike entscheidet sich dafür, | den Nachmittag auf dem Balkon zu verbringen, | die Sonne zu genießen und ein gutes Buch zu lesen. | Dabei krault sie ihrer kleinen Katze | das schwarze, von der Sonne aufgeheizte, seidige Fell. ||

(kein Komma mitdiktieren)

7/8

152 Wörter

* hier ist auch Zusammenschreibung möglich

Das Datum von heute __________

180 Im Kino
(Kommasetzung)

Im Kino |

Endlich war es wieder Wochenende. | Anja, Markus und Simone freuten sich schon auf ihren Kinobesuch. | Für ihre Eintrittskarten standen sie, | obwohl alle Kassen geöffnet waren, lange an. | Aber sie hatten Glück und setzten sich, | nachdem sie Popcorn und Eis gekauft hatten, auf ihre Sitzplätze. | Der Kinosaal, auch wenn er sich anfangs nur langsam füllte, | war schließlich bis auf den letzten Platz ausverkauft. | Dann ging das Licht aus. | Während der Werbung wurde, weil sich keiner dafür interessierte, | im ganzen Saal geredet. | Dann verstummten die Gespräche, | die Handlung zog die Zuschauer in ihren Bann. | Auch die drei, die den Film schon zum zweiten Mal sahen, | ließen sich in eine ferne Welt weitab unserer Gegenwart entführen. | Am Ende, sobald das Licht wieder anging, | rannten die beiden Mädchen zur Toilette. | Markus holte sich, während sie weg waren, | eine Kinozeitschrift und wartete. ||

(kein Komma mitdiktieren)

139 Wörter

LERNTIPP

Schreibe komplizierte Wörter auf einen Haftzettel und klebe diesen in die Nähe deines Schreibtisches oder dorthin, wo du ihn im Laufe des Tages oft sehen kannst.

Das Datum von heute ___________

181 Verkehrschaos (Kommasetzung)

Verkehrschaos |

Gestern fiel in unserer Kleinstadt, sie liegt in der Nähe von Hamburg, | für mehrere Stunden der Strom aus. | Im Supermarkt taute die ganze Tiefkühlware auf. | Meine Mutter, sie arbeitet dort als Verkäuferin, | brachte abends Berge an Lebensmitteln aus dem Kühlregal mit. | Selbst die Ampeln an der Kreuzung fielen aus, | sodass der Verkehr zum Stillstand kam. | Mehrere Fahrer, sie haben wohl nicht aufgepasst, | stießen mit ihren Autos zusammen. | Ein rotes Fahrzeug hatte einen Totalschaden | und musste abgeschleppt werden. | Mein Vater, der in einem Bürohochhaus arbeitet, | blieb im Aufzug stecken und wurde erst nach einer halben Stunde befreit. |
Für mich erfreulich war, dass ich von all diesen Vorfällen nichts mitbekam, | da ich nachmittags auf dem Sportplatz beim Fußballspielen war. | Erst zu Hause* erfuhr ich davon. ||

(kein Komma mitdiktieren)

124 Wörter

* hier ist auch Zusammenschreibung möglich

182 Hans und der Großvater
(Zeichensetzung)

Hans und der Großvater |

Hans studierte an der Universität. | Als er von dort nach Hause kam, saß der Großvater bei Tisch | und hatte drei gekochte Eier vor sich, die er essen wollte. |

„Nun“, sprach der Großvater, | „erzähle mir doch einmal, was du gelernt hast | für das viele Geld, das wir dir zugeschickt haben!“ | Hans antwortete: „Lieber Großvater, | ich habe fleißig die Logik studiert.“ |

„Logik, was ist denn das?“ |

„Das will ich dir zeigen“, | sagte Hans, „in dieser Schüssel | liegen drei Eier. Ich beweise dir | durch meine Logik, dass es nicht drei, | sondern fünf sind.“ |

Der Großvater staunte. | Dann erklärte Hans: | „Wer drei Eier hat, der hat doch auch zwei, | oder etwa nicht?“ | Der Großvater stimmte zu. |

„Nun sind aber 2 + 3 = 5, | wie jeder weiß. | Und daraus folgt ganz klar, | dass, wer zwei und drei Eier hat, auch fünf Eier hat.“ |

„Nun sehe ich ein, | dass ich mein Geld nicht umsonst ausgegeben habe“, | sagte der Großvater, | „und weißt du was? | Ich will die drei Eier nehmen, | die in der Schüssel liegen. | Du kannst dann die übrigen zwei essen, | die du dir durch deine Logik wirklich verdient hast.“ ||

(kein Satzzeichen mitdiktieren)

187 Wörter

Das Datum von heute __________

183 Marionetten (Zeichensetzung)

Marionetten |

Eine Marionette ist eine Gliederpuppe, | die von einem Marionettenspieler mit Hilfe* von Fäden, | die an den einzelnen Gliedern befestigt sind, | bewegt wird. | Ihre Köpfe bestanden früher häufig aus Lindenholz, | weil es weich genug ist, um einfach bearbeitet zu werden, | und hart genug, um lange zu halten. | Heute werden verschiedene Materialien verwendet: | Hart- und Weichschaum, Latex, | Pappmaschee und vieles mehr. |

Im Gegensatz zu einer Handpuppe | kann hier die ganze Figur bewegt werden, | also auch die Beine, | wodurch die Figur sehr lebensecht erscheint. | Allerdings kann sie keine Handlungen ausführen | wie Greifen oder Umarmen | und sie hat stets denselben Gesichtsausdruck. | Aber der Spieler kann sie Bewegungen ausführen lassen, | die kein Mensch könnte, indem er sie | zum Beispiel durch die Luft fliegen lässt. | Dies macht sie gerade für fantastisches Geschehen auf der Bühne so geeignet. | Der Spieler selbst kann beim Spiel völlig verdeckt bleiben, | sodass nur die Figur für das Publikum sichtbar ist. |

Eines der bekanntesten Marionettentheater in Deutschland | ist die Augsburger Puppenkiste, | in der so beliebte Figuren wie Jim Knopf, | das Urmel oder der kleine, dicke Ritter aufgetreten sind. ||

(kein Satzzeichen mitdiktieren)

7/8

176 Wörter

* hier ist auch Zusammenschreibung möglich: mithilfe

184 Die Lehrerin, die an alles denken wollte (Zeichensetzung)

Die Lehrerin, die an alles denken wollte |

Eine Lehrerin wollte mit ihrer Klasse eine Radtour machen. | Sie überlegte, was sie mitnehmen müssten. | An alles wollte sie denken. | „Es könnte Regen geben", befürchtete sie. | Also packten sie Regenmäntel, Gummistiefel und trockene Socken ein. | „Es könnte früh dunkel werden", meinte eine Schülerin. | Deshalb nahm jeder eine Taschenlampe mit. | „Was machen wir, wenn wir uns verirren?", fragte ein ängstlicher Schüler. | Dann müssten sie draußen übernachten. | Deshalb packten sie Zelte und Schlafsäcke ein, | dazu einen Spirituskocher, einen großen Kochtopf und Lebensmittel für mehrere Tage. | Es war klar, dass jeder Pflaster und Verbandszeug einpacken musste. | Dann fiel der Lehrerin noch ein, dass es neblig werden könnte. | Also hängte sie sich ein Nebelhorn um den Hals. | So radelten sie los, | traten in die Pedale, keuchten und schwitzten. | Aber sehr weit kamen sie nicht, | denn nach hundert Metern platzte am Rad der Lehrerin ein Reifen, | weil sie so schwer bepackt war. | Und an Werkzeug hatte niemand gedacht. ||

(keine Satzzeichen mitdiktieren)

163 Wörter

Das Datum von heute __________

185 Bootsunfall (Zeichensetzung)

Bootsunfall |

Am Freitag, den 13. Mai, | legten Anna und Sven mit ihrer „Möwe" am Bootssteg ab. | Mit an Bord war ihr Mischlingshund Flocki | und Proviant für den Tag. | Nach zwei ruhigen, erholsamen Stunden rief Anna: | „Oh, verdammt! Lauter Felsen direkt voraus." | Sven saß am Steuer und lenkte in die andere Richtung – doch zu spät. | Die „Möwe" schrammte mit der Backbordseite | an einem scharfkantigen Stein entlang. | Der Rumpf des Bootes war unter der Wasserlinie | durch unzählige kleine Risse beschädigt worden. | Jetzt schoss das Wasser durch die Löcher | und der Innenraum füllte sich rasch. | Flocki sprang ins Wasser und schwamm zur Ankerleine. | „Eine prima Idee!", rief Anna und hechtete hinterher. | Sven schaute verdutzt. | Er hatte noch nicht verstanden, was die beiden vorhatten. | Erst als das Boot sich auf die Insel zu bewegte, | schnappte er den wasserdichten Vesperbeutel und sprang auch. | Gemeinsam zogen sie die „Möwe" auf die Sandbank. | „Und", fragte Anna, „was machen wir jetzt?" | Grinsend zog Sven sein Handy aus dem Beutel. | „Man muss für den Notfall gerüstet sein", | meinte er und drückte auf die Tasten. ||

(keine Satzzeichen mitdiktieren)

178 Wörter

Das Datum von heute __________

186 Klassenfahrt (Zeichensetzung)

Klassenfahrt |

Die Klasse 7a plant im Klassenrat ihre nächste Klassenfahrt in die Berge. | „Wir werden wandern, schwimmen und bestimmt viel Spaß haben“, meint die Lehrerin. | „Können wir“, fragt Pia, | „am Abend ein Lagerfeuer machen?“ | Frau Bauer nickt und teilt bunte Zettel an jeden aus. | In Gruppen soll nun die Klasse ihre Vorschläge | für das Abendprogramm aufschreiben. | Eine Gruppe überlegt sich Gesellschaftsspiele | wie „Halma“ oder „Vier gewinnt“. | Markus protestiert: | „Puh, das ist doch langweilig! | Habt ihr keine bessere Idee?“ | Eine andere Gruppe schlägt nun eine Nachtwanderung mit Fackeln vor. | Doch die größte Zustimmung findet die Idee einer Disconacht. | Nachdem festgelegt wurde, | welche Gruppe für die Vorbereitung zuständig ist, | wird der Küchendienst eingeteilt. | Jeder aus der Klasse soll mindestens zweimal den Tisch decken | und beim Abspülen helfen. | Doch keiner meldet sich freiwillig. | Erst nach langer Diskussion | kann die Lehrerin die Namen auf dem Küchenplan eintragen. | Jetzt kann es losgehen! ||

(keine Satzzeichen mitdiktieren)

148 Wörter

LERNTIPP
Im Internet findest du Seiten mit Übungen zur Zeichensetzung. Gib bei einer Suchmaschine als Stichwort „Zeichensetzung“ ein.

Das Datum von heute ___________

187 Die Taube und die Ameise
(Zeichensetzung)

Die Taube und die Ameise |

An einem heißen Sommertag flog eine durstige Taube | an einen kleinen, rieselnden Bach. | Sie neigte ihren Kopf, tauchte den Schnabel in das klare Wasser und trank. | Doch plötzlich sah sie, wie sich eine Ameise verzweifelt bemühte, wieder an Land zu paddeln. |

Die Taube überlegte nicht lange, | knickte einen dicken, langen Grasstängel ab und warf ihn der Ameise zu. | Flink kletterte diese über die Rettungsbrücke an Land. |

Die Taube – sehr zufrieden mit sich –* sonnte sich danach auf einem dicken Ast, der nahe am Bach lag. |

Ein junger Bursche kam daher. | Er trug Pfeil und Bogen. | Als er die Taube entdeckte, flüsterte er: | „Gebratene Tauben sind meine Lieblingsspeise“. | Dann spannte er siegesgewiss seinen Bogen. |

Erbost über dieses unerhörte Vorhaben gegen ihren Wohltäter | kroch die Ameise auf seinen Fuß und zwickte ihn. |

Der Taugenichts zuckte zusammen und schlug mit seiner Hand | kräftig nach dem kleinen Quälgeist. | Das klatschende Geräusch schreckte die Taube auf, | und eilig flog sie davon. |

„Welch ein Glück!“, rief die Ameise, | „so kann ich meinem Retter danken.“ |

Aus Freude darüber biss sie noch einmal kräftig zu | und kroch dann wohlgelaunt in einen Maulwurfshügel. ||

nach La Fontaine

(kein Satzzeichen mitdiktieren)

7/8

189 Wörter

* hier sind auch zwei Kommas statt der Gedankenstriche möglich

Das Datum von heute ___________

188 Möbiusringe
(Zeichensetzung)

Möbiusringe |

Wie wäre es mit einem Zaubertrick? | Dieser hier ist schnell vorbereitet, klappt immer und verblüfft deine Freunde. |

Vor etwa 200 Jahren hat sich ein deutscher Mathematiker, er hieß August Möbius, | diese verwirrende Papierkonstruktion ausgedacht. |

Du brauchst: ein Blatt Papier, | Lineal, Kleber und eine Schere. |

Dies bereitest du vorher alleine vor: | Schneide das Papier längs in 4 Zentimeter breite Streifen. | Klebe die Streifen jeweils an ihren Enden | zu einem langen Papierband aneinander | – es ist dann ungefähr anderthalb Meter lang. | Drehe das Band ein- oder zweimal, | bevor du es zu einem Ring zusammenklebst. |

Diesen Ring zeigst du deinen Zuschauern. | Frage sie: „Was passiert, | wenn ich den ganzen Ring der Länge nach durchschneide?“ |

Wetten, dass die meisten vermuten, dass zwei Ringe entstehen? |

Abrakadabra! | Jetzt schneidest du den Ring durch | und aus dem einmal gedrehten Band ist ein riesengroßer Ring | und aus dem zweimal gedrehten Band sind zwei ineinander hängende Ringe geworden. ||

(kein Satzzeichen mitdiktieren)

154 Wörter

Das Datum von heute ___________

189 Denkmäler
(Zeichensetzung)

Denkmäler |

Als Denkmal bezeichnet man meistens Bauwerke, die Menschen in vergangenen Zeiten geschaffen haben. | Denkmäler zeigen uns nicht nur, wie man früher gebaut hat, | sondern auch, wie die Menschen gelebt, gearbeitet und gedacht haben. | Damit liefern sie uns wertvolle Kenntnisse über die Geschichte. | Man kann es so sagen: | Denkmäler sind Zeugen einer früheren Zeit. |

Zu den Baudenkmälern gehören nicht nur Burgen, Schlösser, Kirchen, | vielmehr zählt man auch technische Bauwerke wie Fabriken, Bergwerke, Brücken, | Leuchttürme oder Windmühlen dazu. | Naturdenkmäler können einzelne Bäume, oft besonders alte oder seltene, | sowie Gärten, zum Beispiel historische Bauerngärten, | oder Parkanlagen sein. |

Weiterhin spricht man von „beweglichen Denkmäler“, | wenn das Bauwerk sich von einem Ort zum anderen bewegen kann, | wie dies zum Beispiel bei Zügen, Flugzeugen oder Schiffen der Fall ist. |

Denkmäler im engeren Sinne sind künstlerisch gestaltete Objekte, | die mit dem Ziel geschaffen wurden, | an ein Ereignis, einen Menschen oder einen Brauch zu erinnern. | Fällt dir ein Denkmal | – ob so oder so verstanden – | in deiner Umgebung ein? ||

(kein Satzzeichen mitdiktieren)

161 Wörter

Das Datum von heute __________

190 Sicherheitsbestimmungen im Technikraum (Gemischtes Diktat)

Sicherheitsbestimmungen im Technikraum |

Für den Aufenthalt und die Arbeit im Technikraum | gelten strenge Sicherheitsvorschriften. | Deren Einhaltung ist sehr wichtig, | denn sonst kann schnell einmal etwas Schlimmes passieren. | Jacken, Anoraks und Taschen | müssen außerhalb des Raumes deponiert werden. |

Im Werkraum darf nur gearbeitet werden, | wenn ein Techniklehrer anwesend ist. | Er muss die Schüler in die Handhabung der Maschinen einweisen | und die Erlaubnis erteilen, daran zu arbeiten. | Wenn spitze Gegenstände oder scharfe Werkzeuge transportiert werden, | trägt man sie so, dass niemand verletzt werden kann. | Arbeitet man an der Bohrmaschine, | muss man eine Arbeitsbrille tragen. | Wer lange Haare hat, bindet diese zusammen | oder trägt ein Haarnetz. | Beschädigte Werkzeuge oder Geräte dürfen nicht mehr benutzt werden. | Bemerkt ein Schüler, dass etwas nicht in Ordnung ist, | muss er dies sofort melden. | Falls doch einmal etwas passiert | und sich zum Beispiel ein Kleidungsstück in einer Maschine verfängt, | können mit dem Notausschalter alle Maschinen abgeschaltet | und alle elektrischen Anschlüsse in der Werkstatt unterbrochen werden. ||

157 Wörter

Das Datum von heute __________

191 Delfine (Gemischtes Diktat)

Delfine |

Delfine* gehören zur Gruppe der Zahnwale. | Wie bei allen Walen steht ihre Schwanzflosse waagerecht. | Sie wird Fluke genannt. | Zum Steuern benutzen Delfine ihre Brustflossen, die Flipper, | und ihre dreieckige Rückenflosse, die Finne. | Delfine haben Lungen und müssen darum regelmäßig an die Wasseroberfläche, | um durch die Atemöffnung oben am Kopf | Luft zu holen. | Allerdings halten sie es bis zu einer Stunde unter Wasser aus. |

Es ist fast unmöglich, | von ihrem freundlichen Äußeren nicht fasziniert zu sein. | Wenn sie aus dem Wasser springen | und manchmal geradezu akrobatische Kunststücke vollführen, | sieht es aus, als spielten sie. | Sie kommen auf diese Weise aber auch schneller vorwärts | und halten über Wasser nach Vogelschwärmen Ausschau, | die ihnen lohnende Futterplätze anzeigen. | Delfine sind Raubtiere, | die kleinere Fische oder Krebse fressen. | Mit einem speziellen Organ können sie ihre Beute über ein Echo orten. | Viele Delfinarten können an die Gesellschaft von Menschen gewöhnt werden. | Manche sind so zutraulich, | dass sie es zulassen, | wenn sich Menschen an ihrer Finne festhalten | und von ihnen gezogen werden. ||

7/8

166 Wörter

* auch möglich: Delphine

Das Datum von heute __________

192 Karneval (Gemischtes Diktat)

Karneval |

Karneval, Fastnacht oder Fasching wird die Zeit genannt, | in der vor Beginn der christlichen Fastenzeit | noch einmal tüchtig gefeiert wird. | Vor allem im Rheinland und in Süddeutschland | wird diese turbulente Zeit mit vielen Bräuchen begangen. | Der Höhepunkt ist vielerorts der Rosenmontag. | An diesem Tag finden in den Hochburgen des Karnevals | wie in Aachen, Köln oder Mainz | lange Faschingsumzüge statt. | Blaskapellen, Tanzgarden mit Funkenmariechen | und bunt geschmückte Wagen | schlängeln sich langsam durch die von Zuschauern gesäumten Straßen. | Oft werden dabei Politiker, | aktuelle Themen aus der Wirtschaft | oder große Ereignisse aus dem Sport auf die Schippe genommen. | Besonders die jüngeren Zuschauer freuen sich über Bonbons und Süßigkeiten, | die von den Wagen in die schunkelnde Menge am Straßenrand geworfen werden. | Farbenfroh geschminkt und verkleidet | feiern viele Narren in Festhallen, | Gaststätten oder auf den Straßen der Innenstädte weiter. | Am Aschermittwoch ist das bunte Treiben vorbei | und der graue Alltag holt die Jecken wieder ein. ||

151 Wörter

LERNTIPP
Spiele mit anderen zusammen „Scrabble“. Ihr könnt vorher besondere Regeln vereinbaren, zum Beispiel dass nur Fremdwörter gelten.

193 Kleine Welt ganz groß
(Gemischtes Diktat)

Kleine Welt ganz groß |

Schon seit Jahrtausenden begeistert sich die Menschheit | für die grenzenlosen Weiten des Universums. | Doch es ist erst etwas mehr als vierhundert Jahre her, | dass Forschern der erste zaghafte Blick | in eine winzig kleine Welt gelungen ist | – in den Mikrokosmos. | Der Engländer Robert Hooke | begann mit seinem Auflichtmikroskop, | Pflanzenbestandteile zu untersuchen, | und er entdeckte, dass Pflanzen aus einzelnen Zellen bestehen. | Für die damalige Zeit war dies eine Sensation. | Heute sind der biologische Bauplan von Tieren und Pflanzen, | die Strukturen, nach denen das menschliche Leben funktioniert, | oder Krankheits-erreger bereits gut erforscht. | Den bisher letzten Meilenstein auf dem Weg in das Reich des Unsichtbaren | setzte die Erfindung des Rasterelektronenmikroskops. | Es zeigt die Objekte dreidimensional, | und selbst die kleinsten Bestandteile, | die Atome, | können damit sichtbar gemacht werden. | Modernste elektromagnetische Aufsätze | schaffen heute eine Vergrößerung | bis zum Einhundertmillionenfachen. ||

137 Wörter

Das Datum von heute ___________

194 Wer rastet, der rostet
(Gemischtes Diktat)

Wer rastet, der rostet |

Bewegung ist gesund und wer regelmäßig Sport treibt, | hält sich ein Leben lang fit. | Sport festigt die Muskeln, | verbrennt Kalorien und stärkt das Herz-Kreislauf-System. |

Manche Sportarten, wie zum Beispiel Turnen oder Judo, | erfordern Geschick und Gleichgewicht. | Für Schwimmen, Boxen, Rudern oder Leichtathletik | braucht ein Sportler Kondition und Kraft. | Diese bekommt er durch regelmäßiges Training. |

Viele Sportarten sind nur in einer guten Mannschaft möglich. | Dann ist Teamgeist gefragt. | Man muss sich auf den anderen verlassen können | und sich gegenseitig unterstützen, wenn man gewinnen möchte. |

Leider ist bei vielen Disziplinen eine Verletzung nicht auszuschließen. | Es ist deshalb immer wichtig, | die richtige Ausrüstung zu tragen | und an notwendige Schutzmaßnahmen zu denken. | Vor der sportlichen Betätigung braucht man ein bisschen Zeit, | um die Muskulatur gründlich aufzuwärmen | und so das Verletzungsrisiko zu senken. ||

132 Wörter

195 Der mit Salz beladene Esel
(Gemischtes Diktat)

Der mit Salz beladene Esel |

Ein Esel war schon seit dem Morgen unterwegs. | Auf dem Rücken trug er schwere Säcke voller Salz und er war müde. | Er kam an einen Fluss, den er überqueren musste. | An einer flachen Stelle stieg der Esel in das Wasser. | Aber bald kam er so ins Straucheln, | dass er hinfiel. | Er blieb einige Augenblicke im Fluss liegen, | um im kühlen Wasser frische Kraft zu schöpfen. |

Beim Aufstehen fühlte er sich um einen großen Teil seiner Last erleichtert, | weil sich das Salz im Wasser aufgelöst hatte. | Das merkte er sich. |

Am folgenden Tag bestand seine Last aus vielen Schwämmen, | die sich hoch auf seinem Rücken türmten. | Sobald der Esel an dem Fluss angekommen war, | ließ er sich mit Absicht ins Wasser fallen. |

Doch dieses Mal saugten sich die Schwämme schnell mit Wasser voll. | Dadurch waren sie viel schwerer als vorher. | Die Last war so groß, | dass der Esel nicht mehr von allein aufstehen konnte. |

Merke: Nicht jedes Mittel taugt für jeden Fall. ||

174 Wörter

Das Datum von heute __________

196 Reden mit dem Bauch?
(Gemischtes Diktat)

Reden mit dem Bauch? |

Manchmal sieht man im Fernsehen oder im Zirkus einen Bauchredner. | Er hat meistens eine Handpuppe dabei | und unterhält sich mit ihr. | Dabei sieht es so aus, als ob ihm die Puppe mit einer eigenen Stimme antwortet. | Viele glauben, | dass der Bauchredner zum Sprechen tatsächlich seinen Bauch benutzt. | In Wirklichkeit erzeugt er die Töne in seinem Mund, | ohne die Lippen zu bewegen. | Man braucht sehr viel Übung, | um das Publikum auf diese Weise täuschen zu können. |

Am besten funktioniert es, | wenn der Bauchredner dabei lächelt. | Dann kann er hinter den leicht geöffneten Lippen unauffällig die Worte formen. | Damit die Zuschauer gar nicht so genau auf seinen Mund achten, | lenkt er sie durch Bewegungen der Puppe ab. | Versuch es doch auch einmal! ||

124 Wörter

Das Datum von heute __________

197 Massage mit einem Ball
(Gemischtes Diktat)

Massage mit einem Ball |

Fühlt sich dein Rücken manchmal verspannt an? | Dann kannst du ihm mit dieser einfachen Übung Gutes tun. | Nimm einen Tennisball und stelle dich vor eine gerade Wand. | Klemme den Ball zwischen Wand und Rücken. | Jetzt bewegst du dich langsam und genussvoll hin und her, | nach unten und nach oben, | sodass der Ball über deinen Rücken wandert. | Merkst du, wie gut das tut? |

Auch deine Füße kannst du mit dem Ball massieren. | Rolle im Sitzen abwechselnd mit einem Fuß | den Ball hin und her, | am besten geht das barfuß. | Schon bald wirst du ein angenehmes Gefühl der Entspannung spüren. ||

102 Wörter

LERNTIPP

Lerne immer zur selben Zeit. So werden die Übungsphasen immer selbstverständlicher in deinen Tagesablauf eingebettet.

Das Datum von heute ___________

198 Kinder im Sudan
(Gemischtes Diktat)

Kinder im Sudan |

Der Sudan ist das größte Land Afrikas. | Vor allem der Süden zählt zu den ärmsten Gebieten der Erde. | Seit vielen Jahren wütet ein schlimmer Bürgerkrieg im Land, | an dessen Folgen bereits fast zwei Millionen Menschen gestorben sind. | Immer wieder kam es in den vergangenen Jahren | zu verheerenden Hungersnöten, | sodass inzwischen jedes fünfte Kind an Unterernährung leidet. |

In keinem anderen Land der Welt haben die Kinder | eine so schlechte Schulausbildung wie hier. | Nur jedes fünfte schulpflichtige Kind wird überhaupt eingeschult, | wobei es die Mädchen noch schlechter trifft: | Unter den Schulanfängern sind dreimal mehr Jungen. | Der Unterricht findet meist unter Bäumen im Freien statt, | ohne Möbel und nur notdürftig | mit Schulbüchern oder Schreibutensilien ausgestattet. | Die kaum oder gar nicht ausgebildeten Lehrer | bringen den Kindern gerade mal ein wenig Lesen und Schreiben bei. | Jedes Jahr schaffen es nur 500 Mädchen und 2000 Jungen | im ganzen Land bis zur achten Klasse. | Da wundert es nicht, wenn auch die meisten Erwachsenen Analphabeten sind. | Von zehn Frauen kann nur eine lesen und schreiben. ||

170 Wörter

Das Datum von heute __________

199 Drohender Klimawandel
(Gemischtes Diktat)

Drohender Klimawandel |

Der Klimabericht der Vereinten Nationen besagt, | dass bis zum Jahr 2020 wirksame Maßnahmen eingeleitet werden müssen, | die eine extreme Erderwärmung verhindern sollen. | Andernfalls verändert sich das Klima auf der Erde so, | dass mit schlimmen Folgen für Menschen, | Tiere und Umwelt zu rechnen ist. | Während die Politiker noch streiten, | welche Verbote, Erlasse und Anstrengungen | die richtigen sind, kann jeder Einzelne schon jetzt damit beginnen, | sich für den Klimaschutz einzusetzen. | Jeder kann sparsamer mit Energie umgehen, | indem er zum Beispiel Energiesparlampen benutzt, | weniger oft Auto fährt, | die Heizung herunterdreht oder bei Elektrogeräten den Stand-by-Betrieb abschaltet. | Leider sind bisher nur wenige Menschen bereit, | auf lieb gewordene Bequemlichkeiten konsequent zu verzichten. | Doch wird sich hoffentlich bald die Einsicht durchsetzen, | dass für die Zukunft dieses Planeten schnell gehandelt werden muss. ||

127 Wörter